Inhalt

Fehlerschwerpunkte

Gezieltes Üben setzt die Kenntnis der Fehlerschwerpunkte voraus. Die Schwerpunkte kann jeder Einzelne für sich ermitteln (s. RS 5, 6).

Groß- und Kleinschreibung

Rechtschreibprobleme zu haben heißt nicht, dass man sie in allen Bereichen hat. Die meisten Fehler werden bei der Groß- und Kleinschreibung gemacht. Vor allem werden Nomen klein- statt großgeschrieben. (Vgl. RS 12–29.)

Wortlisten/Karteikarten mit Fehlerwörtern

Einzelwörter, die man häufig falsch schreibt, sollte man aufschreiben, am besten getrennt nach Fehlerstellen (Wörter mit ai, chs, q, st, v …). Die mögliche Fehlerstelle (ai, chs, q, st, v …) sollte markiert werden.

Übungsmöglichkeiten

Mit den Wortlisten oder Karteikarten kann man jederzeit üben, z. B.:
- Man kann die Fehlerwörter alphabetisch ordnen.
- Man kann sie nach Wortfamilien oder Wortarten zusammenstellen.
- Man kann immer wieder andere im Selbst- oder Partnerdiktat üben.

Rechtschreibhilfen

Viele Rechtschreibprobleme kann man einfach lösen, wenn man sich die Wortfamilie und mögliche Formen eines Wortes vergegenwärtigt.

Stammprinzip

Beispiele: **ä**ngstlich → **A**ngst, B**äu**me → B**au**m, (du) wi**ll**st → wo**ll**en

Verlängern

Beispiele: Gla**s** → Glä**s**er, Gedul**d** → gedul**d**en, (er) blei**b**t → blei**b**en

Wortbausteine

TIPP Präfixe (Ent-/ent-, Ver-/ver- …) und Suffixe (-ig, -lich, -nis …) werden immer gleich geschrieben.

(Fremd-)Wörterbuch

Ein Wörterbuch ist eine gute Hilfe. Fehler lassen sich auch vermeiden, wenn man ein Alternativ-Wort überlegt, dessen Schreibung man kennt.

Schwierige Wörter?

1. Ein Samstagmorgen bei Familie Sommer

Nach dem gemeinsamen Frühstück bevorzugt jedes Familienmitglied einen anderen Zeitungsteil. Herr Sommer beginnt immer auf der ersten Seite. Frau Sommer liest zuerst den lokalen Teil. Christian will nur wissen, ob es etwas Neues über seinen Fußballverein gibt. Simone interessiert sich hauptsächlich für den Kulturteil, und Oma Sommer, die ebenfalls im Haushalt lebt, studiert gern den Anzeigenteil, vor allem Familienanzeigen. Zum Glück sind die Interessen der Familienmitglieder so verschieden, denn anderenfalls würde es bei nur einer Zeitung vielleicht Streitereien geben.

Allerdings verläuft die morgendliche Lektüre nur eine Zeit lang ruhig. Irgendwann beginnt ein Familienmitglied, die anderen ungefragt zu informieren. Zum Beispiel ruft Christian: „So ein Mist, jetzt hat sich der Prell schon wieder verletzt. Was macht der denn bloß immer falsch im Training?“ Simone erwidert dann möglicherweise spitzfindig: „Wenn sein Trainer das wüsste, wäre der Prell nicht immer verletzt!“ Vielleicht liest sie dann sogar vor: „Bud Pritt hat gerade mit den Dreharbeiten zu seinem neuen Film begonnen. Es ist sein erster Katastrophenfilm!“ – „Das passt gut! Bud Pritt ist selbst eine Katastrophe“, könnte Christian hämisch sagen. „Wenn ich zuletzt als Wickelkind im Kino war, würde ich mich mit meinen Äußerungen mal zurückhalten“, würde Simone entgegnen. „Könnt ihr beide nicht wenigstens heute Morgen mal friedlich sein?“ Frau Sommer greift meistens schlichtend ein, dabei vertragen sich die Geschwister im Großen und Ganzen sehr gut. Herr Sommer zieht es gewöhnlich vor, sich aus den Diskussionen herauszuhalten, aber er trägt auch sein Teil zur Information bei, zum Beispiel: „Gestern Abend wurde berichtet, dass die Regierungskoalition infolge des Streits um die Panzerlieferung endgültig auseinander bricht. Hier steht nun aber wörtlich: ‚Beide Koalitionspartner betonen, dass der Streit um die Panzerlieferung das Bündnis auf keinen Fall gefährden werde.‘ “ – „Hast du denn die Spätnachrichten im Fernsehen auch noch gesehen?“, könnte seine Mutter nachfragen. Aber eine Antwort wartet sie in der Regel nicht ab, denn sie möchte ja selbst etwas loswerden. „Stellt euch vor, die Maria Hahn heiratet nächsten Freitag! – Und wisst ihr, wer ein Kind gekriegt hat? Die Enkeltochter von meiner alten Nachbarin. Die Hanna muss ja auch schon zwanzig sein, oder? Wartet mal, die ist geboren, als der Daniel drei war, und das war …“ Spätestens bei diesem Thema verabschiedet sich Christian vom gemeinsamen Frühstückstisch und Simone folgt wenig später …

a) Lass dir den Text vorlesen. Bei welchen Wörtern musst du genauer hinhören? Lass sie markieren. Alternativ: Lies den Text selbst. Bei welchen Wörtern musst du genauer hinsehen? Markiere sie.

b) Lies den Text laut. Sprich jedes Wort deutlich. Markiere die Wörter, die du nicht flüssig aussprichst.

c) Decke die markierten Wörter (zwei bis drei auf einmal) ab und schreibe sie auswendig auf.

d) Schreibe die Wörter von c) alphabetisch auf. Achte auf die richtige Schreibung.

2. Puzzle-Wörter

ängstmal ✔ | Itik | wülich | sitßen | awandt | Enrad | endfernen | verbends | Fahrde
plötztend | widerholen | drauzen | manchlich ✔ | wiedersprechen | Kridee | entlich

Zwei Puzzle-Wörter gehören immer zusammen. Schreibe sie in richtiger Zusammensetzung auf, z. B.: *ängstlich*. Streiche die Puzzle-Formen hier anschließend deutlich durch!

3. Buchstabenpuzzle

stthcin   ma netshkcän   ttuppak   fua lamnnie   remmi reddeiw   dnrehuad

ni

elleiv elaM   hcilmhän   uz essuaH   nie nehcßssib   tnasserretni   niellla

Schreibe die Wörter und Wortgruppen richtig herum auf. Achtung: Ein Buchstabe ist immer zu viel!

Kleiner Rechtschreib-Test

4.

1	*ohne oder mit -h?*	Was – du hast überhaupt keine Lust, *den/dehn* Test zu machen?
2	*groß oder klein?*	Pech für dich! – Aber *Angst/angst* hast du doch hoffentlich nicht.
3	*zusammen oder getrennt?*	So schlimm ist der Test nämlich *garnicht/gar nicht*. Aber Achtung:
4	*einfach oder doppelt?*	Bloß nicht auf die falsche Schreibung *hereinfalen/hereinfallen*!
5	*groß oder klein?*	Eine Streichung ist *Nämlich/nämlich* ganz schnell geschehen.
6	*doppelt oder einfach?*	In einem „richtigen" Test *hättest/hätest* du übrigens keine Hilfen.
7	*klein oder groß?*	Da müsstest du die *korrekte/Korrekte* Schreibung selbst überlegen.
8	*s oder ß?*	Hier *hast/haßt* du wenigstens eine „Trefferquote" von 50 Prozent.
9	*groß oder klein?*	Zudem gibt es einen *Hinweis/hinweis* auf die mögliche Fehlerstelle.
10	*das oder dass?*	Es ist klar, *das/dass* der Test nicht alle möglichen Fehler aufdeckt.
11	*Dativ oder Akkusativ?*	Durch *ihm/ihn* kannst du aber deine Fehlerschwerpunkte entdecken.
12	*mit oder ohne -h?*	Oder weißt du schon, welche *Fehler/Feler* du am häufigsten machst?
13	*klein oder groß?*	Hast du vielleicht *probleme/Probleme* mit der Großschreibung?
14	*ä oder e?*	Dann sieh dir besonders gründlich das *nächste/nechste* Kapitel an.
15	*groß oder klein?*	Aber auch in diesem Kapitel findest du ein *Paar/paar* gute Tipps.
16	*dass oder das?*	Kann es sein, *dass/das* du auch Probleme mit „das – dass" hast?
17	*das oder dass?*	*Das/Dass* die Schreibung aus dem Satz hervorgeht, weißt du doch?!
18	*doppelt oder einfach?*	Merk dir: Nur die Konjunktion „dass" schreibt *mann/man* mit ss.
19	*Akkusativ oder Dativ?*	Übungen dazu findest du in *den/dem* Kapitel s-Laute. Ein Tipp vorab:
20	*getrennt oder zusammen?*	Die Konjunktion „dass" ist durch kein Wort *zu ersetzen/zuersetzen*.
21	*ß oder ss?*	Ein *großes/grosses* Problem für Schüler sind auch Flexionsendungen.
22	*klein oder groß?*	Die *endungen/Endungen* sind dann entweder falsch oder gar nicht da.
23	*zusammen oder getrennt?*	Kannst du bei diesem Problem etwa auch *mitreden/mit reden*?
24	*groß oder klein?*	Auf der nächsten Seite findest du einen *Kleinen/kleinen* Test dazu.
25	*einfach oder doppelt?*	*Vieleicht/Vielleicht* vergisst du schon mal bei „nicht" oder „nichts" das t?
26	*klein oder groß?*	Oder zählst du zu denen, die „dann" mit einem n *schreiben/Schreiben*?
27	*doppelt oder einfach?*	Das wären sehr dumme Fehler, *denn/den* so etwas kann man lernen.
28	*Dativ oder Akkusativ?*	Man muss aber *seinem/seinen* Kopf vor Störungen abschirmen, weil
29	*groß oder klein?*	„Flüchtigkeitsfehler" mit *Konzentration/konzentration* zu tun haben.
30	*getrennt oder zusammen?*	Viele Fehler kannst du ohnehin ganz leicht *heraus finden/herausfinden*.
31	*klein oder groß?*	Lies auf jeden *fall/Fall* deinen geschriebenen Text aufmerksam durch.
32	*dass oder das?*	Denk zum Beispiel daran, *dass/das* manche Wörter gleich lauten.
33	*Dativ oder Akkusativ?*	Ihre Bedeutung erfährst du nur aus *dem/den* Satzzusammenhang.
34	*groß oder klein?*	Da muss man kein *Für und Wider/für und wider* abwägen, denn:
35	*mit oder ohne -h?*	*Ihm/Im* Satzzusammenhang kann nur eine Schreibung richtig sein.
36	*dass oder das?*	Wenn du *dass/das* bedenkst, wirst du „viel" und „fiel" nicht verwechseln.
37	*das oder dass?*	Oder denkst du, *das/dass* „er fiel vom Stuhl" von „viele Male" kommt?
38	*ß oder s?*	*Meißtens/Meistens* gibt ja die Grundform eines Wortes Aufschluss, z. B.:
39	*zusammen oder getrennt?*	„Er las ein Buch" kannst du auf „lesen" *zurückführen/zurück führen*.
40	*Akkusativ oder Dativ?*	Du kannst natürlich auch alles in *einen/einem* Wörterbuch nachschlagen.
41	*e oder ä?*	Nicht sinnvoll *were/wäre* es, wenn man jedes Wort nachgucken würde.
42	*groß oder klein?*	Da ist es *Effektiver/effektiver*, wenn man die Fehlerschwerpunkte kennt.
43	*klein oder groß?*	Was – du hast keine? Dann mach mal einige *stichproben/Stichproben*!

a) Lies jeden Satz sorgfältig, vor allem die hervorgehobenen Schreibungen im Satzzusammenhang. Streiche die Schreibung durch, die du für falsch hältst.

b) Vergleiche dein Ergebnis mit den Lösungen. Wenn du eine falsche Streichung gemacht hast, setze Pünktchen darunter und streiche die andere Schreibung deutlich durch.

c) Verwende die Wörter, die du falsch gestrichen hast, in anderen Satzzusammenhängen.

Meine persönlichen Fehler

5. Konzentration bis zum Ende – eines Wortes

Jennifer chattet für ihr Leben gern . Sie könntest den ganze Nachmittag , den ganzen Abend und womöglich noch die halb Nacht am PC sitz . Sie hat sich den Namen Julia gegeb , weil sie ein Schauspielerin mit dem Name so toll findest . Am liebsten chattet Jennifer mit Carlos , Cem , Lila und Obelix .

Carlos ist eine Fußballfan . Er hat sein Namen nach ein bekannten Fußballer gewählt .

Cem heißt wohl auch im richtig Leben so . Das hat Jennifer aber noch nicht erfahrt .

Lila ist einen ganz verrücktes Mädchen . Sie hat immer die tollsten Einfäll . Sie kenn nicht nur alle Abkürzung und Smileys , die gewöhnlich bei Chatten benutzt werden , Lila erfinden auch ständig neue . Manchmal kommunizieren Jennifer und Lila nur mit Abkürzungen . Das findet die ander irgendwann doof und beschwer sich .

Ob Obelix ein Jungen oder ein Mädchen ist , weißt keiner , also Jennifer weiß es nicht . Jedenfalls kennst Obelix jedes aktuell Computerspiel .

Dies ist einen Beispiel für die Kommunikation der fünf Chatter :

Obelix: Hey , Leute , hat ihr schon gehört , dass es ein neue Jagd auf das Suppenhuhn geben sollt ?

Cem: Ne , Obelix , aber ich werden es mir dann sofort herunterladen.

Lila: Freiheit für die Suppenhühn ! ;-)

Julia: *rofl*

Carlos: Geh das schon wieder los ?

a) Lies den Text aufmerksam, möglichst halblaut. Sprich dabei jeden Buchstaben deutlich.
Markiere alle Wörter, deren Endungen unvollständig oder falsch sind. Wie viele findest du? _____

b) Schreibe den Text richtig ab. Konzentriere dich dabei besonders auf vollständige und richtige Endungen.

c) Lass dir den Text diktieren.

6. Meine Fehlerschwerpunkte

	hier: aufgrund des Testes (Aufgabe 4)	
Groß-/Kleinschreibung:	☐ Fehler von **14** möglichen Fehlern	Beispiele: ______
dass/das:	☐ Fehler von **6** möglichen Fehlern	Beispiele: ______
Doppel-/Einfachkonsonanz:	☐ Fehler von **5** möglichen Fehlern	Beispiele: ______
Zusammen-/Getrenntschreibung:	☐ Fehler von **5** möglichen Fehlern	Beispiele: ______
Akkusativ/Dativ:	☐ Fehler von **5** möglichen Fehlern	Beispiele: ______
Schreibung mit/ohne -h:	☐ Fehler von **3** möglichen Fehlern	Beispiele: ______
s-Laute (s/ss/ß):	☐ Fehler von **3** möglichen Fehlern	Beispiele: ______
Umlaute (ä/e):	☐ Fehler von **2** möglichen Fehlern	Beispiele: ______
Flexionsendungen (Aufgabe 5):	☐ Fehler von ☐ Fehlern* nicht gefunden (* vgl. Lösungen)	

a) Trage deine Fehleranzahl aus dem Test (Aufgabe 4) ein. Notiere hinter „Beispiele“ die Satznummern.
Hast du den Eindruck, dass dieses Ergebnis deine Fehlerschwerpunkte widerspiegelt?

b) Übertrage das Raster „Meine Fehlerschwerpunkte“ in dein Heft.
Ordne deine Rechtschreibfehler aus den letzten Diktaten, Aufsätzen ... den Kategorien zu.
Häufungen in bestimmten Kategorien bedeuten: Hier kannst und solltest du gezielt üben!

Verflixte Buchstaben

1. abschmecken abwehren Achse anecken angenehm aufwachsen bedrückt beglückwünschen belehren Bienenwachs Blumengesteck Druck eckig erschrecken fehlen Feuerwehr gelehrt Geschmackstest geschmackvoll Gewächs glücklich herausstrecken Kommunalwahl Konzentrationsfehler Nachnahme rühmen Schreck schrecklich Sportlehrerin stecken streckbar Strecke unfehlbar Unglück unrühmlich verwählen vierachsig vornehmen wachsen wächsern wählerisch wehrlos Weltruhm zerdrücken Zimmerecke

a) Hier haben Wörter verschiedener Wortfamilien die möglichen Fehlerstellen ck, chs und Dehnungs-h. Lies die Wörter aufmerksam und kennzeichne ck, chs und Dehnungs-h auf unterschiedliche Weise.

b) Schreibe zu jeder Fehlerstelle die Wörter ab, und zwar zusammengestellt nach Wortfamilien, z. B.: *ck: abschmecken, Geschmackstest, geschmackvoll.* Lass im Heft Platz für weitere Eintragungen!

c) Ergänze möglichst viele Wortfamilien mit weiteren Wörtern, ggf. mit Hilfe des Wörterbuchs. Tipp: Du kannst viele Wörter auch durch Präfixe verändern.

2. vwvwvwvwmöwevollwattsklavenervöswitwelöweniveauwiederumvielindividuell
vwinterviewwährendverlierenvatermangroveewigkeitventilpulloverbravreserve
vwvwvwvwvwvwantwortenlarveweilehilfsverberwidernlavairgendwovielleicht
vwvwvwwahrverwandtschaftsgradwütendvoltwaisevergessentaiwankurveweb

a) Schau genau hin und kennzeichne v und w auf unterschiedliche Weise.

b) Trenne die Wörter voneinander ab und ordne die Wörter nach V/v und W/w. Schreibe die Nomen mit ihren Artikeln auf. So denkst du auch an die Großschreibung. Unterstreiche alle Fremdwörter.

c) Unterscheide erst die V/v-Wörter, dann die W/w-Wörter so: Nomen, Verben, Adjektive, andere.

3. Eine Besonderheit bei Fremdwörtern: k statt ck

Nomen: Perfektion Elektrik Korrektur Doktor Aktion Hektik Fabrik Diktat Kritik Subjekt Konflikt Effekt Objektivität Produkt Dialekt Respekt Charakter **Verben:** respektieren charakterisieren perfektionieren aktivieren elektrisieren subjektivieren objektivieren diktieren **Adjektive:** konfliktscheu effektiv elektrisch hektisch fabrikneu subjektiv charakteristisch korrekt exakt direkt perfekt respektvoll aktiv produktiv objektiv kritikfreudig

a) Markiere in jedem Fremdwort das k nach dem kurz gesprochenen Vokal.

b) Suche in den drei Gruppen verwandte Wörter und schreibe sie getrennt nach Wortfamilien auf. Achtung: Nicht immer findest du in jeder Gruppe einen Verwandten!

c) Alphabetisiere diese Fremdwörter mit k. Wenn du noch weitere kennst, ordne sie ein.

ä oder e – und andere Stolpersteine

1.

Waagerecht
1 Äste
4 säubern
7 Gewässer
9 Länderausgleich
12 Fährmann
13 Fälschung
14 grundsätzlich
16 kaufmännisch
21 (sie) hätte (fast gewonnen)
23 Räder
24 (er) hält
25 säumen
27 städtisch
29 Umstände
33 Stäubchen
34 (du) trägst
35 erklären
36 gegenwärtig
37 Nässe

Senkrecht
2 schäumen
3 Bräune
5 bäuchlings
6 Stadträtin
7 (sie) wären (gern geblieben)
8 Särge
9 (sie) lässt
10 Nähte
11 eigenmächtig
15 unzählige
17 verändern
18 Nähe
19 ausräumen
20 ungläubig
22 Tätlichkeit
23 Räuber
25 verstärken
26 täglich
27 Säugetier
28 verlängern
30 schämen
31 Därme
32 abhärten

a) Beweise mit Verwandten, warum diese Wörter mit ä bzw. äu geschrieben werden.
Ein verwandtes Wort mit a bzw. au passt auf jeden Fall oben in das Rätselraster.

b) Lösung: Also, _ _ _ _ _ _ _-Wörter scheinen nicht deine _ _ _ _ Ä _ _ _ zu sein!
(Die Lösungsbuchstaben musst du natürlich noch in die richtige Reihenfolge bringen!)

2. **Wortfetzen aus der Zeitung** alle Europ◯er … europ◯ische Grundr◯chte-Charta … Entwicklung beeintr◯chtigen … Schutz der Familie gew◯hrleistet … Erziehung gef◯hrden könnte … zusammenh◯ngenden Grund … in F◯llen wie Krankheit … Armut zu bek◯mpfen … t◯gliche Ruhezeiten … R◯cht auf ◯rztliche Versorgung … F◯stlegung aller Politiken … geheimer Wahl gew◯hlt … Wahrung des Gesch◯ftsgeheimnisses … Ausübung ihrer Amtst◯tigkeit … Sprachen der Vertr◯ge … j◯de natürliche Person … im Falle von Missst◯nden … Staatsangehörigen dritter L◯nder … gem◯ß dem Vertrag … Aufenthaltsfreiheit gew◯hrt werden … konsularischen St◯llen … unabh◯ngigen Gericht … Grunds◯tze der Ges◯tzm◯ßigkeit und der Verh◯ltnism◯ßigkeit … r◯chtskr◯ftig verurteilt … noch ◯ndert sie … Vertr◯gen f◯stgelegten Zust◯ndigkeiten … tats◯chlich … sie st◯rker einzuschr◯nken

a) Fehlt ä oder e? Achtung: Zu einigen ä-Wörtern gibt es keine eindeutigen Verwandten mit a!

b) Beweise, warum hier nicht eu, sondern äu fehlt: bl…lich, einz…nen, Geb…de, M…lchen, Überl…fer

c) Führe die Schreibweise der folgenden Wörter auf den Wortstamm des Infinitivs zurück:
(du) so**ll**st, (sie) ha**ss**t (Langweiler), (er) mu**ss**te, (du) ka**nn**st, (sie) wü**ss**te (gern), (er) i**ss**t (Eis)

Verlängern und andere „Tricks"

3.

1
Das Laub der Bäume färbt sich bunt,
nun endlich schlägt des Waidmanns Stund.
Nervös wird auch sein treuer Hund,
der leckt sich schon die Lefzen wund.
Für Herrn und Hund ist es so weit.
Wie sind sie doch das Warten leid!

2
Man bläst sogar ein fröhlich Lied,
wenn man zum muntren Jagen zieht.
Das Halali ruft sie zur Jagd,
denn selten wird allein gejagt.
Als Gruppe ist man richtig stark
und auch die Beute nicht so karg.

3
Auf jeder Heide und im Wald
zum Herbst es also mächtig knallt.
Nicht selten knallts auch auf dem Feld,
das um die Zeit noch nicht bestellt.
V'leicht wär man sicher auf dem Berg,
Wild hat aber kein Augenmerk.

4
So sieht der Hirsch ganz plötzlich rot
und schon ereilt ihn auch der Tod.
Macht der Fasan ein letztes Piep,
guckt auch des Waidmanns Hund ganz lieb.
Ja, wenn er nur 'ne Flinte hält,
wird mancher Jäger gar zum Held.

a) Lies das „kleine böse Gedicht" halblaut. Was fällt dir auf, wenn du die gereimten Wörter vergleichst?

b) Suche zu den gereimten Adjektiven und Nomen Formen, die den Auslaut hörbar machen, z. B.: *bunt – bunter*. Tipp: Manchmal hilft nur ein Wort aus derselben Wortfamilie weiter.

4. Nicht immer am Ende

Wu**d/t**anfall fli**ng/k** Kreb**s/ß**tier Mun**d/t**geruch Bli**ng/k**licht gu**d/t** fu**s/ß**ballerisch Sta**b/p**wechsel Zita**d/t** Ru**s/ß** ertra**g/k**reich Gla**s/ß** Vol**g/k** hei**s/ß** Gedul**d/t** Strei**g/k**kasse dreieinhal**b/p** Ta**g/k**traum Wahlerfol**g/k** blö**d/t** Wei**s/ß**wurst plum**b/p** Paradie**s/ß**vogel gro**b/p** Zin**s/ß**rechnung klei**d/t**sam Fun**g/k**spruch Zei**d/t**planung Staa**d/t** Nebenerwer**b/p** Ver**s/ß** schrä**g/k** ma**s/ß**voll Stau**b/p**allergie un**s/ß** Prototy**b/p** Gra**b/p**stätte Spu**g/k** Martinsgan**s/ß** Autoritätsschwun**d/t** Schran**g/k** Ra**d/t**schla**g/k** Bra**d/t**spie**s/ß** Flu**g/k**zeu**g/k** Fein**d/t**bil**d/t**

a) Suche Wortformen oder verwandte Wörter, die dir Aufschluss über die richtige Schreibung geben, z. B.: Wutanfall – wütend. Streiche den falschen Buchstaben deutlich durch.

b) Schreibe jedes Wort richtig auf und beweise die Schreibung mit mindestens einem Wort.

5. Verflixte Verbformen

Wer nichts wa◯t, der nichts gewinnt. – Maria hat sich in Anton verlie◯t. – Rä◯st du mir zum Kauf? Die Wolkendecke rei◯t auf. – Der Kompass wie◯ uns den Weg. – Jo lie◯t mit einer Angina im Bett. Der Jubilar dan◯te den Gästen. – Onkel Hein blä◯t die Tuba. – Der Keller wurde leer gepum◯t. Schlie◯t du bitte die Tür ab! – Die Menge drän◯te zum Ausgang. – Gi◯st du mir Recht oder nicht? Der kleine Felix bo◯ allen ein Bonbon an. – Lisa schnau◯te vor Wut. – Lä◯st du mich zum Eis ein? Bea mer◯t sich die Formel. – Der Mann hau◯te in einer Ruine. – Das Pferd tra◯ plötzlich nach mir.

a) Welche Verbform gibt hier Aufschluss über die richtige Schreibung? Ergänze: b d g k p s ß oder t.

b) Setze in die 2. und 3. Person Singular Präsens und Präteritum: bleiben, lügen, trinken, lesen, braten.

6. Präfixe und Suffixe

E/ent- V/ver- V/vor- SCHULD ÜBEL ÄUßERN GOTT SICHT MUT EIGEN HALTEN BUND HERZ LIEB FRECH EHREN FLUCHT BITTER STELLEN BILD GEMEIN GEIST FAUL EINIG SORGEN SCHADEN HINDERN TAT ZUG SCHLAFEN -haft -ig -lich -los -heit -keit -ling -nis -schaft -ung

a) Diese Präfixe und Suffixe werden immer gleich geschrieben.
Bilde möglichst viele neue Wörter (Nomen mit Artikel!). Markiere die Präfixe und Suffixe gesondert.

b) Welche Suffixe sind ein sicheres Zeichen für die Groß- oder Kleinschreibung eines Wortes?

Wörterbucharbeit

V K e W U Q s i Z G C l X A y J m D o t H R f B p

7.

a) Sage das Abc halblaut auf und streiche hier die entsprechenden Buchstaben ab. Welcher fehlt? ______

b) Wie fit bist du im Umgang mit dem Wörterbuch (z. B. DUDEN)? Beantworte folgende Fragen:

- ☞ Unter welchem Buchstaben findest du die meisten Wörter? A/a (VI) K/k (IH) S/s (DU)
- ☞ Unter welchem Buchstaben findest du die wenigsten Wörter? Q/q (EL) X/x (BI) Y/y (RS)
- ☞ Stehen unter C/c weniger Wörter als unter Q/q (LE) oder unter Q/q weniger als unter C/c (ST)?
- ☞ Etwa im ersten Drittel (nur Abc-Teil) stehen die Buchstaben A/a bis E/e (EI) A/a bis H/h (TO).
- ☞ Etwa im mittleren Drittel (nur Abc-Teil) stehen die Buchstaben F/f bis S/s (CH) H/h bis P/p (PF).
- ☞ Etwa im letzten Drittel (nur Abc-Teil) stehen die Buchstaben Q/q bis Z/z (IT) T/t bis Z/z (ST).

Lösung: Gratulation, _ _   _ _ _ _   _ _ _ _ _ _ _ !

c) Trainiere mit einem Partner/einer Partnerin den Umgang mit dem Wörterbuch. Wer findet am schnellsten zehn Wörter (z. B. aus einer aktuellen Hausarbeit)?

8. Die Sache mit den Umlauten und ß Öde saugen Muße füttern Schoß losen säugen rauben Stätte Sturm müssen Räuber statt Bar stürmisch Schoss lösen futtern Bär oder

Jeweils zwei Wörter sind sich sehr ähnlich. Suche sie im Wörterbuch.
Wie ist die Reihenfolge dort, wenn sich die Wörter nur durch Vokal/Umlaut oder ss/ß unterscheiden?

9. Ein „prozentualer" Auszug

persönlich allein schließlich kritisch Thema vielleicht Mal groß Fahrrad ängstlich wiederholen ohne Atmosphäre erwidern korrigieren grüßen senden benennen Größe Platte brutal spanisch Kaninchen Exemplar Morgen diskutieren täglich fällig selbst draußen endlich Platz sumpfig fair Ruhm Konkurrenz genauso Schoß packen Rücken Schloss Maschine heißen Hitze herstellen Vase Idee Beute irgendwie jetzt platzieren Kritik U-Boot Kamin zufolge wenigstens Lehrer Zoo spannend funktionieren Literatur Strecke allgemein Material loslassen bissig morgens verlieren Stein nirgendwo zurücknehmen oder Charakter Päckchen beenden gestern Name denn quälen rücken Klecks Ruhe schließen ausarbeiten sein entlang bisschen nämlich tagelang Demokratie herausstellen typisch Angst überhaupt UEFA Verlies Aussaat widersetzen Eid plaudern Diskus

a) Hier entspricht der Anteil der Wörter mit demselben Anfangsbuchstaben etwa dem eines Wörterbuchs. Zu zwei Buchstaben findest du hier keine Wörter. Zu welchen wohl? Wenn du diese Wörter im Wörterbuch suchen müsstest, wie würdest du vorgehen?

b) Schreibe alle Wörter alphabetisch auf und setze vor die Nomen die passenden Artikel.

Ein Rechtschreibprogramm akzeptiert richtig (= vollständig und ohne Buchstabendreher) geschriebene Wörter, unabhängig davon, ob sie in diesem Satzzusammenhang grammatisch passen oder sinnvoll sind.

Achtung: Druckfehler!

(xx) Frechen – Eine teure Mittagspause legte ein Busfahrer auf dem Freiheitsring ein. Er vergass, die Handbremse an zu ziehen. Der Bus rollte los, rammte zwei Autos. Schaden: 30000 (xx).

Wolfsburg (xx). Volkswagen hält eine Rente ab 60 für machbar. Voraussetzung seien allerdings neue Instrumente, wie das bei VW entwickelte Zeitwertpapier, auf dem VW-Beschäftigte ihre Mehrarbeit gut schreiben lassen können, erklärte der VW-Arbeitsdirektor gestern.

Aliens (xx). Eher an Aliens oder Geister als an Gott glauben Großbritanniens Jugendliche im Alter von 15 bis 24 Jahren. Rund 70 Prozent sagten aus, dass sie von der Existenz von geistern oder Außerirdischen überzeugt seien. 61 Prozent hielten die Idee von Gott für abwegig. Die Studie

(xx) Köln - Sie kamen von Stuttgart und machten gestern in Köln fest: Die Frauen und Männer von Robin Wood. Unterwegs waren sie auf einem selbstgebastelten Floß. Ziel der Aktion: Robin Wood wirbt für ökologische Waldnutzung.

Auch in Deutschland werden die Kinderrechte verletzt. Bilanz des deutschen Unicef-Komitees: 80000 Kinder werden jährlich sexuell mißbraucht, 150000 brutal mißhandelt.

Las Vegas (xx). Nommalerweise steht Céline Dion auf der Bühne und wird von ihren Fans gefeiert. In völlig ungewohnter Rolle jubelte die Sängerin als Zuschauerin André-Philippe Gagnon zu, der früher ihr Vorprogramm bestrit-

Tel Aviv (xx). Sein Liebespiel im Auto endete für ein israelisches Pärchen abrupt: Es hatte für ein Schäferstündchen am Ufer eines Flusses geparkt. Von Leidenschaft überwältigt löste einer der Beiden unbemerkt die Handbremse und das Auto rollte ins Wasser. Erst als der junge Mann nasse Knöchel bekam, bemerkte das Paar seine prekäre Lage und

Wenders: Gut möglich. Mein Film „Bis ans Ende der Welt", den ich vor dieser Phase gedreht hatte, war sicher meine ambitionierteste Arbeit und leider ein ziemlicher Misserfolg. Der Soundtrack war erfolgreich – hätt ich nur den gemacht! Dieser Flop ist mir sehr nahe gegangen.

ATLETICO MADRID verpflichtete den Verteidiger Celso Ayala von Betis Sevilla für 5,8 Millionen (xx). Der Wechsel des 28jährigen Paraguayers kann erst im dezember vollzogen werden, wenn die Transferliste wieder geöffnet wird.

Kairo (xx). Eine Ägypterin hat gestern in Kairo per Kaiserschnitt ein sieben Kilo schweres Baby zur Welt gebbracht. Mutter und Kind waren nach der Geburt wohlauf. Durchschnittlich wiegen Neugeborene etwa 3,5 Kilo.

Nach dem Beobachten der Sonnenfinsternis waren in Frankreich sieben Menschen nahezu erblindet. Ihre Sehschärfe sei in beiden Augen auf weniger als 20 Prozent zurück gegangen, was fast eine totale Erblindung bedeute, teilte das zentrale Gesundheitsinstitut in Paris mit.

Für die Modernisierung ostdeutscher Kultur-Einrichtungen wollen Bund und Länder in den nächsten fünf Jahren eine halbe Milliarde (xx) ausgeben.

Bonn (xx). Nordrhein-Westfalen und Niedersachsen wollen eine Vereinfachung des Mietrechts herbeiführen. Das Kündigungsschutzrecht soll danach im wesentlichen erhalten bleiben.

Schauspieler sind schon sensible Zeitgenossen. **Mickey Rourke** schmiss die Rolle in dem Streifen „Luck of the Draw" nur hin, weil die Produzenten nicht auf die Bedingung eingingen, seinen Hund in dem Film mit spielen zu lassen. Rourke's Part wurde von Michael Madsen übernommen.

SEVILLA (xx). Maurice Greene ist dcr übcrragende Sprinter der Leichtathletik-Weltmeisterschaften in Sevilla. Nach seinem Triumph über 100 m gewann der 25-Jährige gestern abend das 200-m-Finale in 19,90 Sekunden ebenfalls souverän. In Abwesenheit der verletzten Marion Jones sorgte Inger Miller (21,77) dafür, daß auch die Goldmedaille im 200-m-Finale der Frauen vom USA-Team eingestrichen wurde. Das Finale über

a) In jeder Zeitungsmeldung gibt es einen, zwei oder drei Druckfehler (neue Rechtschreibung!). Finde sie.

b) Welchen Fehlerkategorien kannst du diese Druckfehler zuordnen:
Groß- und Kleinschreibung (G), s-Laute (S), Getrennt- und Zusammenschreibung (Z), Silbentrennung (T), ausgelassene/doppelte oder falsche Buchstaben/Bindestriche (B)?
Schreibe unter jeden markierten Fehler den entsprechenden Buchstaben.

Das Dinosaurier-Spiel

1. DINOSAURIER

a) Aus DINOSAURIER kann man viele neue Wörter bilden, also nicht nur „Dino“ und „Saurier“ …
Spiel allein gegen die Zeit oder such dir einen Mitspieler/eine Mitspielerin. Beachte die Spielregeln:

- ☞ In einer bestimmten Zeit (20 Minuten?!) sollen möglichst viele neue Wörter gefunden werden.
- ☞ Bei jedem neuen Wort darf ein Buchstabe von DINOSAURIER nur einmal verwendet werden.
  Z. B. gilt „rasieren“ nicht, weil das e nur einmal in DINOSAURIER vorkommt.
- ☞ Alle Wörter müssen sinnvoll sein (keine Abkürzungen!) sowie in der jeweiligen Grundform stehen.

b) Schreibe die Wörter ungeordnet auf:

Es zählen nur richtig geschriebene Wörter! Also plane Zeit für eine Überprüfung ein.

2. **Erweiterte Spielregel**
Eigennamen: …
andere Nomen: …
Artikel: …
Pronomen: …
Verben: …
Adjektive: …
Präpositionen/Konjunktionen/Adverbien: …

a) ✎ Schreibe DINOSAURIER oben auf die Seite und darunter dieses Raster. Schließe den HELFER.
Finde in 20 Minuten (?!) mindestens drei Eigennamen, zehn Nomen, drei Artikel, fünf Pronomen, drei Verben, drei Adjektive und fünf andere Wortarten.

b) Sind alle Wörter richtig geschrieben? Überprüfe sie mit eigenen Rechtschreibhilfen oder einem Wörterbuch.

MOTTE & LAZY
von Henning Schöttke
und Gisela Krosch
ASSO
Bei uns wird SERVICE groß geschrieben!
ASSO
Ha! Erwischt!
Wobei?
Der Service!
Hast du was Gegenteiliges über die gehört? Beim Scheibenwischen kann man doch nicht viel falsch machen.
Ich meine das Großschreiben! Das können die wohl nicht. Oder warum schreiben die jeden Buchstaben groß?
Weil die meinen, dass der Service bei ihnen das Beste ist.
Nein, nein! Die haben einfach vom Substantivieren oder Nominalisieren keine Ahnung!
Quatsch! Hier gehts doch gar nicht ums Substantivieren. „Service“ ist überhaupt nichts Kompliziertes, sondern ein ganz normales Nomen.
Ein *normales* Nomen? Das ist nun wirklich das mit Abstand Schwachsinnigste, was ich je gehört habe! Unter normalen Nomen verstehe ich nur echte Nomen oder Namen wie …
Motte oder Lazy?
Ja, oder Vanilleeis, Schokolade – und überhaupt alles Süße.
Ha! „Süß“ ist gar kein Nomen. Du hast ein Adjektiv nominalisiert!
Na und? Für mich ist „alles Süße“ eben ein normales Nomen.
Du denkst nicht logisch.
Knurps! Knurps!
Mit meinem unlogischen Denken komme ich aber ganz gut klar. Habe ich nicht Recht, mein Süßer?
Mir ist alles recht. Hauptsache, wir reden von was anderem …

Groß- und Kleinschreibung

Großschreibung

Satzanfang / Nomen

Am Satzanfang wird jedes Wort großgeschrieben und Nomen werden als einzige Wortart immer großgeschrieben.

Beispiele für Nomen: der Strauch, die Empfindung, das Problem

TIPP Suffixe sind Nomensignale: -heit, -keit, -nis, -schaft, -tum, -ung!

Eigennamen

Ableitungen von geographischen Eigennamen auf -er schreibt man immer groß; auf -isch, wenn das Adjektiv/Partizip zum Namen gehört.

Beispiele:
auf -er: Kieler Sprotten, Berliner Schnauze, Duisburger Hafen
auf -isch: das Rheinische Schiefergebirge, der Bayerische Wald

Grundsätzlich kann man jede Wortart nominalisieren.

Verb als Nomen

Ein nominalisiertes Verb wird oft durch ein Signal angekündigt, z. B. Artikel, Präposition, verschiedene Pronomen, dekliniertes Adjektiv.

Beispiele:
ein (klägliches) Jaulen, beim (= bei dem) Malen, im (= in dem) Turnen, ihr (lebhaftes) Winken, kein Hoffen und Bangen, hastiges Schlucken

Adjektiv/Partizip als Nomen

Signale für ein nominalisiertes Adjektiv/Partizip sind oft: Artikel, Indefinitpronomen, Präposition, Possessivpronomen.

Beispiele: das Wahre, alles (denkbar) Gute, zum Besten, mein Süßer

Adjektiv/Partizip in Wendungen – Paarformeln namensähnlichen Wortgruppen

In gängigen Formulierungen, oft von Artikel/Präposition angekündigt, schreibt man Adjektive/… meistens groß; auch in Paarformeln sowie bestimmten Wortgruppen (Botanik, Zoologie, Geographie, Titel …).

Beispiele:
das Beste, den Kürzeren ziehen, im Folgenden, Schwarz auf Weiß – Jung und Alt – Blauer Eisenhut, das Schwarze Meer, Karl der Große

Verschiedene Wortarten als Nomen

Nominalisierte Wörter anderer Wortarten haben häufig auch Signale.

Beispiele:
Zahladjektive – Numeralien: die Einzige, im Ganzen, alles Übrige, fürs (= für das) Erste, jeder Dritte – eine Zwei, die (wilde) Dreizehn
Konjunktionen – Pronomen: das Sowohl-als-auch, kein Aber – das Du, ein gewisses Etwas
Adverbien – Präpositionen: das Heute, das Hin und Her – im Aus

TIPP Manchmal muss man sich das Signal für eine Nominalisierung denken, z. B.: Ich weiß, dass (das) Reden nicht meine Stärke ist.

Pronomen der Höflichkeitsanrede

Die Höflichkeitsanrede (Sie, Ihnen, Ihr …) schreibt man immer groß.

Zeitangaben

Nomen als Bestandteil von Zeitangaben werden großgeschrieben.

Beispiele: (gestern) Abend, (heute) Morgen, (morgen) Mittag

Kleinschreibung

Alle Wortarten außer Nomen werden in der Regel kleingeschrieben.

Ableitungen auf -isch

Adjektivische Ableitungen auf -isch werden kleingeschrieben, sofern lediglich die Herkunft (und kein Eigenname) bezeichnet wird.

Beispiele: spanische Kastagnetten, westfälischer Schinken

Denominalisierung – Nomen als Adjektive – Präpositionen

Nomen können in bestimmten Wortgruppen wie Adjektive oder Präpositionen gebraucht werden. Dann schreibt man sie klein.

Beispiele: angst … werden, pleite sein – laut Gesetz, um Gottes willen

Wortarten-Rätsel

1. **Waagerecht**

1 Adjektiv:	4 Verb:	9 Verb:	11 Nomen:	12 Adjektiv/Adverb:
HAUFEN	ENDKAMPF	UNBEQUEM	TAUSCHEN	ENDLICH
HÄUFIG	ENTGEGEN	UNGEFÄHR	TRENNUNG	ENGPASS
HÄUTEN	ENTGEHEN	UNKOSTEN	TROTZDEM	ENTLANG
HERAUF	ENTWEDER	URTEILEN	TURMHOCH	ERMÜDEN

13 Konjunktion:	14 Adjektiv:	18 Nomen:	21 Verb:	23 Adverb:
DEIN	DREHZAHL	MEHRMALS	SOEBEN	FREIBURG
DENN	DREIZEHN	METEORIT	SOLANG	FREITAGS
DICK	DRIBBELN	MITGEHEN	SONNIG	FRUCHTIG
DREI	DRINGEND	MITTLERE	SORGEN	FÜRCHTEN

24 Verb:	27 Adverb:	28 Part. Präs./Adj.:	29 Verb:	30 Nomen:
DICHTEN	NEBENEINANDER	GELBROT	SODANN	SÄEN
DICHTER	NEOFASCHISMUS	GELTEND	SONNEN	SAGE
DREIßIG	NEUGRIECHISCH	GENITIV	SONNIG	SATT
DRINNEN	NOTSCHLACHTEN	GENÜGEN	SOPRAN	SEIT

Senkrecht

1 Adverb:	2 Präposition:	3 Adjektiv:	4 Pronomen:	5 Verb:
HALLO	ULKEN	SAGEN	ERAHNEN	TON
HANDY	UNTEN	SOFIA	ETLICHE	TOT
HEBEN	UNTER	SOGAR	EVIDENT	TUN
HEUTE	USCHI	STEIL	EXEMPEL	TÜV

6 Nomen:	7 Nomen:	8 Präposition:	10 Verb:	14 Adjektiv:
EHELICH	JEDOCH	AHR	REITER	DESHALB
EHEMALS	JUBELN	ALS	RUDERN	DESKTOP
EINIGEN	JUGEND	ARM	RUNTER	DÜRFTIG
ETERNIT	JÜNGST	AUF	RÜSTIG	DÜRSTEN

15 Adverb:	16 Adjektiv:	17 Adverb:	19 Nomen:	20 Konjunktion:
INNEN	GEBEN	NAMENLOS	TENDENZ	SOLVENT
INSEL	GEBOT	NIRGENDS	TIEFROT	SOMALIA
IRREN	GEGEN	NOTIEREN	TOPLESS	SONDERN
IRRIG	GLATT	NUMERALE	TORKELN	SPOTTEN

22 Nomen:	25 Nomen:	26 Pronomen:
BEIZEN	HADES	DEIN
BEREIT	HEUTE	DENN
BESSER	HÖREN	DILL
BETRAG	HUMAN	DÜRR

a) In der Kopfleiste steht, welche Wortart gesucht wird. Das Programm bietet vier Wörter an, aber nur eins gehört zur gesuchten Wortart. Markiere es.
Achtung: Alle Wörter stehen hier in der Grundform!

b) Übertrage deine ausgewählten Wörter in das Rätselraster auf der rechten Seite.

Wortarten-Rätsel

2.

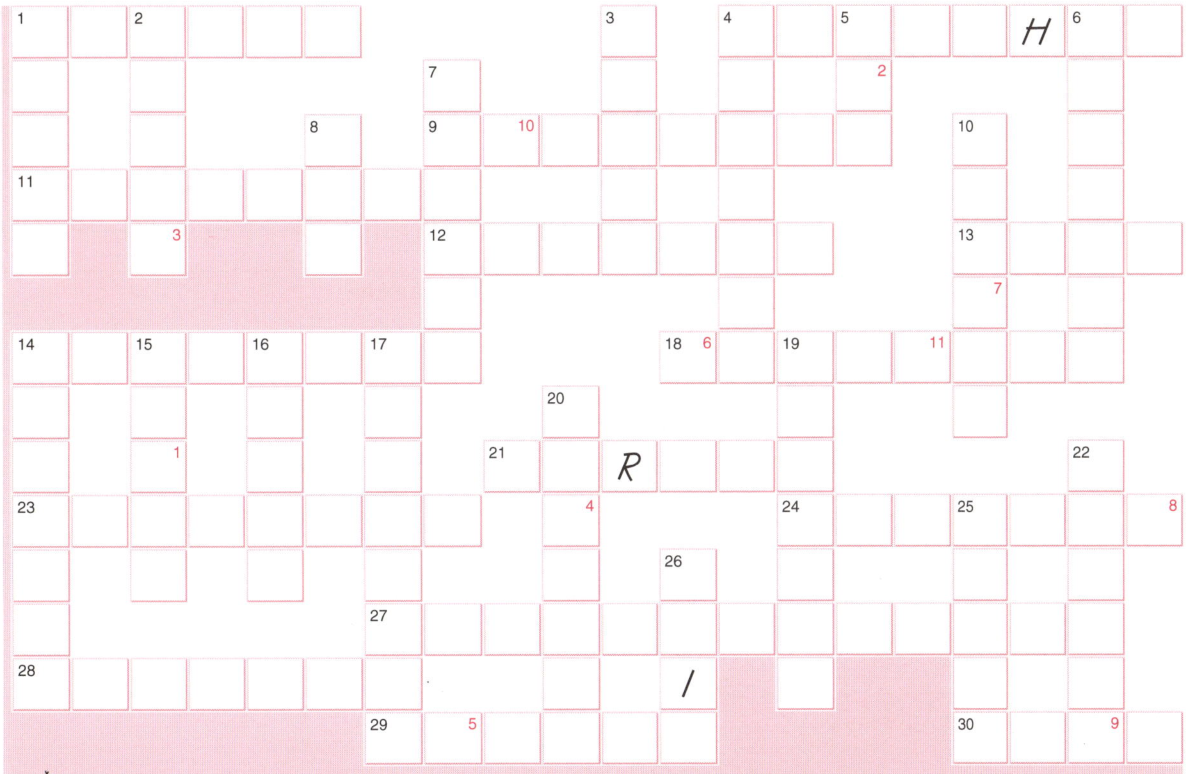

Lösung: _ _ _ (1 2 3) _ _ _ _ _ (4 5 6 7 8) werden immer _ _ _ (9 10 11) ß geschrieben.

3. Großgeschrieben – kleingeschrieben!

____

____

a) Schreibe alle Nomen, die du in das Rätselraster eingetragen hast, mit ihren Artikeln auf die Linien. Wenn du eins nicht kennst, sieh in einem (Fremd-)Wörterbuch nach.

b) Ordne die anderen Wörter aus dem Rätselraster in einer Tabelle:
Verben: … Adjektive: … Adverbien: … Konjunktionen: … Präpositionen: … Pronomen: …

(Fast) alles Nomen

1. BEREITSCHAFT WITZIG FURCHT VERGÄNGLICHKEIT PLÖTZLICH FAHRRAD GLÜCK EIGENTUM FRECHHEIT ERGEBNIS SCHWACHSTELLE HEIMWERKER SCHNECKE HESSISCH VERWANDTSCHAFT HUNGRIG MEHRHEIT TANKWART PFLANZE BILDUNG GEBÄUDE WACHSTUM VERGNÜGEN HANDLUNG BUCH SEHNSUCHT ÄNGSTLICH GESCHWINDIGKEIT NEIDISCH GEDANKE BÜNDNIS

a) Sechs Wörter sind hier keine Nomen. Du erkennst sie an den Endungen.
Wie heißen die Endungen und auf welche Wortart weisen sie hin?

b) An ihren Endungen erkennst du auch sofort einige Nomen. Wie heißen die Endungen?

c) Ordne die Nomen nach ihren Endungen und schreibe jeweils noch mindestens ein Nomen dazu.
Welches Wort macht immer deutlich, dass ein Nomen folgt? Vergiss nicht es davor zu setzen.

d) Ordne die anderen Nomen so: Konkreta (man sieht … es): …, Abstrakta (man denkt … es): …

2. Namen sind Nomen

______ __________ *(EIBE/ELBE)* mündet bei Cuxhaven in die Nordsee.

______ ____________________ *(SCHILDDRÜSE/SCHILDKRÖTE)* ist ein zahnloses Kriechtier mit Brust- und Rückenpanzer.

(_____) __________________ *(CÄSAR/CÄSIUM)* ist ein chemisches Element.

______ ____________________ *(SANDALEN/WANDALEN)* waren Angehörige eines ostgermanischen Volkes in Schlesien und Westpolen.

______ ________________ *(BIBER/BIKINI)* baut Burgen und Dämme unter und im Wasser.

______ ____________________ *(BLUTBUCHE/JUDENBUCHE)* heißt eine Novelle von Annette von Droste-Hülshoff.

(_____) ____________________ *(MANDARINE/MARGARETE)* ist eine apfelsinenartige Zitrusfrucht.

______ ________________ *(DOLLAR/DOLLART)* ist eine Währungseinheit, u. a. der Vereinigten Staaten von Amerika.

______ ____________________ *(ERLKÖNIG/ZAUNKÖNIG)* ist ein kleiner einheimischer Singvogel.

(_____) ________________ *(ADRIA/ARIANE)* ist eine europäische Trägerrakete für den Start von Satelliten.

______ ________________ *(PANHAS/PRATER)* ist ein rheinisch-westfälisches Gericht aus Buchweizenmehl und Wurstbrühe.

(_____) ____________________ *(SARDINE/SARDINIEN)* heißt eine italienische Mittelmeerinsel.

____________________ _____ ________________ *(LEONARDO DA VINCI/LEONARDO DICAPRIO)* war ein italienischer Maler, Bildhauer, Architekt, Naturforscher und Techniker.

a) Entscheide dich jeweils für den richtigen Namen und schreibe ihn mit Artikel auf die Linien.
Achtung: In einem Namen wird ein Bestandteil kleingeschrieben! Welcher?

b) Schreibe die folgenden Namen in der richtigen Groß- und Kleinschreibung auf:
JOHANN WOLFGANG VON GOETHE, LUDWIG VAN BEETHOVEN,
WALTHER VON DER VOGELWEIDE, INSTITUT FÜR DEUTSCHE SPRACHE,
FRITZ-WALTER-STADION, RHEIN-MAIN-FLUGHAFEN, UNESCO (in Deutsch!)

Aus deutschen Landen …

1. Allerlei · Blumenkohl · Dom · Domspatzen · Festspiele · Hafen · Lebkuchen · Marzipan · Oktoberfest · Printen · Puppenkiste · Schwebebahn · Sprotten · Stadtmusikanten · Weiße · Würstchen · Zwinger

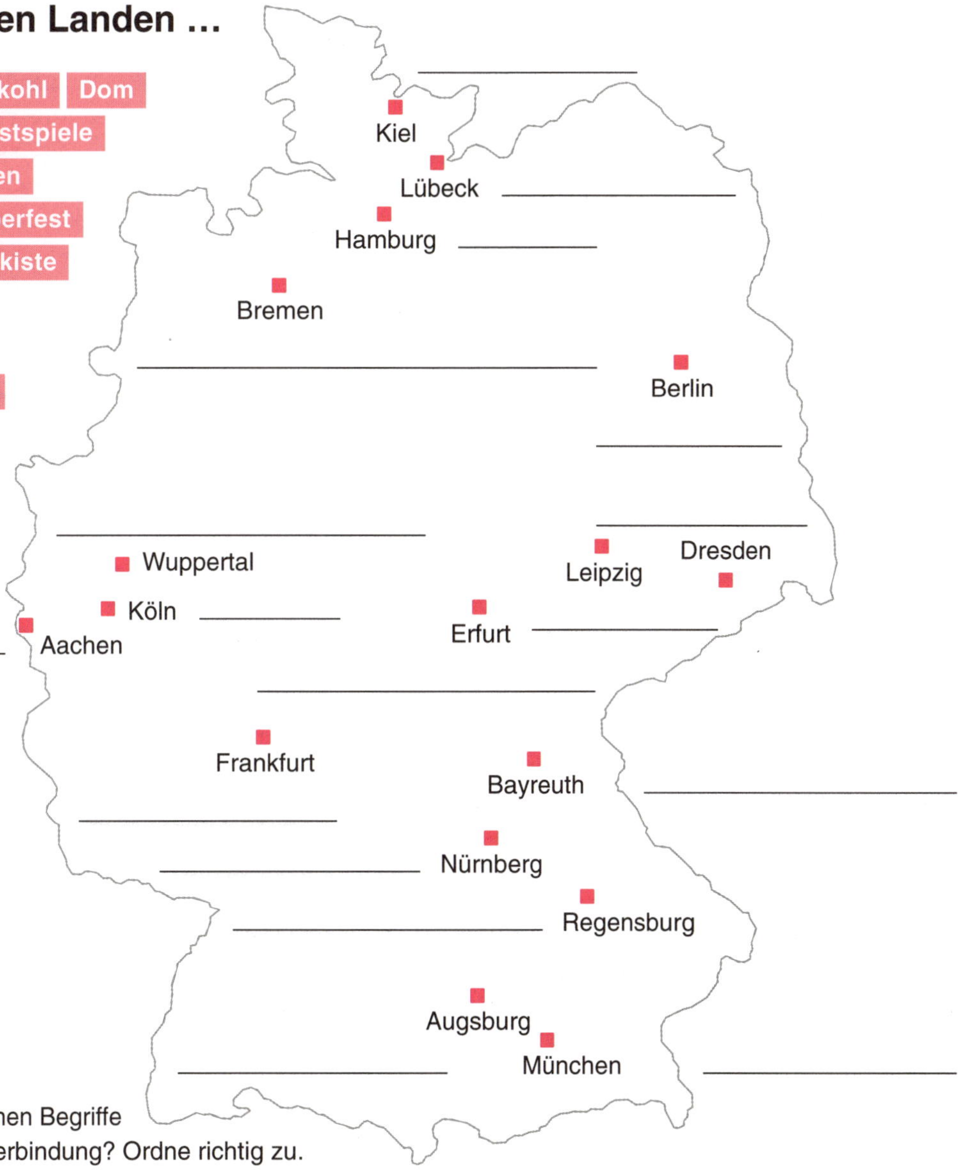

a) Mit welcher Stadt bringst du die einzelnen Begriffe der Randspalte in Verbindung? Ordne richtig zu.

b) Schreibe Stadt + Begriff als Eigenname auf, z. B. *Kieler Sprotten*. Worauf musst du achten?

2. Nicht nur aus deutschen Landen

Indien	Karneval	Westfalen	Ente
Rhein	Eier	Bayern	Schinken
Holland	Tee	Polen	Lederhosen

a) Verbinde den geographischen Namen mit dem passenden Begriff.

b) Bilde aus jedem geographischen Nomen das Adjektiv und schreibe den kompletten Begriff auf, z. B. *indischer Tee*. Welche Endung haben diese Adjektive in der Grundstufe?

c) Entscheide, ob das Adjektiv nur die Herkunft bezeichnet oder zum Eigennamen gehört:
DIE HOLSTEINISCHE SCHWEIZ, BADISCHE WEINE, BRASILIANISCHER FUßBALL, SÄCHSISCHE MUNDART, DAS HESSISCHE BERGLAND, TÜRKISCHER HONIG, ITALIENISCHE SCHUHE, DIE CHINESISCHE MAUER.

Heute ist Flohmarkt

1. Sonntagvormittag: Elena Sommer und ihre Mutter freuen sich auf den großen Flohmarkt am Flussufer. *Beim Verlassen* der Wohnung fragt Elena scherzhaft: „Hast du auch genug Geld dabei?“ – „Eben nicht!“, erwidert ihre Mutter mit *einem bedeutungsvollen Blinzeln*. In bester Stimmung steigen sie ins Auto. Wie es nicht anders zu erwarten war, gestaltet sich die Parkplatzsuche schwierig. Aber da Frau Sommer *im Rangieren* spitze ist, scheut sie auch vor der kleinsten Lücke nicht zurück. Beschwingt steigt sie aus. „Stürzen wir uns also *ins muntere Treiben*!“ *Das Leuchten* in ihren Augen verrät die Unternehmungslust. Elena lacht. Sie weiß, wie viel Spaß ihre Mutter an *dem zwanglosen Schauen* und *Vergleichen* hat. Deshalb wundert sie sich nicht, dass sie schon am ersten Stand stehen bleiben. Die Frau hinter dem Tisch lässt sich *beim Stricken* nicht stören. Erst als Elenas Mutter auf einen alt aussehenden Tonkrug zeigt und fragt: „Was soll der denn kosten?“, blickt sie auf. „23.“ – „23 Euro?“, wiederholt Frau Sommer erstaunt. „15 hätte ich ja gegeben, aber …“ – „Ich habe selbst 20 dafür bezahlt“, behauptet die Frau. Elenas Mutter quittiert die Worte mit *einem ungläubigen Murmeln*, worauf die Frau irgendetwas knurrt. *Ihr leises Schimpfen* hört Elena noch *im Weggehen*. An einem anderen Stand wird ein ähnlicher Krug angeboten. Er soll 20 Euro kosten. Diesmal versucht sich Elena *im Handeln*. „Für 12 würde ich ihn gleich mitnehmen.“ – „Nein, nein“, lacht der schwarzhaarige Mann hinter dem Tisch, „*zum Verschenken* hab ich nichts!“ – „Aber *vom Schenken* war gar keine Rede“, ruft Elenas Mutter und auf ihrem Gesicht erscheint *ein hinreißendes Strahlen*. „Nur weiter so!“, meint der Mann lachend. Elena hält ihm die Hand hin. „O. k., also 12 Euro!“ Sie verzieht keine Miene dabei. Der Mann hat schon ein ganz rotes Gesicht *vom Lachen*. „Kommt später noch mal wieder!“, empfiehlt er den beiden. „Wenn der Krug noch da ist, kriegt ihr ihn vielleicht für 18.“ – „Für 12 Euro!“, ruft Elena mit Betonung und erntet *ein lautes Prusten* dafür. *Im Weitergehen* will sie von ihrer Mutter wissen: „Wozu brauchst du denn so einen Krug überhaupt?“ – „Oh, man kann ihn *zum Aufbewahren* von Lebensmitteln benutzen. Wenn ich einen für unter 15 Euro bekomme, nehme ich ihn jedenfalls.“ – „*Dein geschicktes Handeln* wird es schon bringen“, meint Elena zuversichtlich. „Klar doch!“, bekräftigt ihre Mutter. „Wenn wir kurz vor Schluss wieder hier sind …!“ *Am Weiterbummeln* werden sie jedoch erst einmal gehindert, denn eine Nachbarin hat sie erspäht und will unbedingt den neuesten Klatsch loswerden. Endlich sagt sie: „Genug jetzt! Ich habe *vom vielen Quasseln* schon einen ganz trockenen Mund.“ Mutter und Tochter setzen ihren Weg fort und gegen Ende des Flohmarktes schlendern sie wieder zum Stand des schwarzhaarigen Mannes. Elena stellt beiläufig fest: „Ach, da ist der Krug ja noch.“ Der Mann, der schon den Abtransport vorbereitet, lässt sich *beim sorgfältigen Verpacken* nicht stören. Erst als Elena ihre Mutter fragt: „Wolltest du den nicht haben?“, blickt er hoch. Frau Sommer unterdrückt *ein Gähnen*: „Ich weiß nicht … was soll der denn kosten?“ – „18!“ Frau Sommer schüttelt den Kopf. „Also gut – 15!“, sagt der Mann. „12!“ Sie sieht ihn fest an. *Das verborgene Blitzen* in ihren Augen kennt die Tochter nur zu gut. „14, junge Frau! Und das ist mein letztes Angebot!“ Elena und ihre Mutter haben *sein ergebenes Seufzen* noch im Ohr, als sie lachend ins Auto steigen.

a) In den hervorgehobenen Wortgruppen wird immer dieselbe Wortart nominalisiert. Welche? Unterstreiche jeweils das Wort, das die Nominalisierung ankündigt, z. B. beim (= bei + dem) Verlassen. Achtung: Das nominalisierte Wort hat manchmal auch ein vorangestelltes Attribut!

b) Ordne die nominalisierten Wörter nach den Signalen, die sie ankündigen:

bestimmte Artikel:	unbestimmte Artikel:	Präpositionen:	Possessivpronomen:
das L…	*(mit) einem … Bl…*	*beim Verlassen*	*ihr … Sch…*

Signale!

2. Tippe ich eine falsche Taste, ertönt immer *ein* ________ ________.

Irgendwoher kenne ich doch ________ ________ ________?!

________ ________ von Torchancen ist er unübertroffen!

Mit ________ ________ der Arbeiten sind *wir* zufrieden.

________ ________ ist mir das Wasser noch zu kalt.

________ ________ kann ich nichts abgewinnen.

________ ________ ________ nervt mich.

Als Fan vom FC bist du ________ ________ ________ und ________ ausgesetzt.

________ ________ ________ bekomme ich immer Schluckauf.

Mit ________ ________ ________ verscherzt sie sich alle Sympathien.

________ ________ macht einen ganz verrückt.

Da hilft *k*________ ________ und ________ ...

a) Teile die folgenden Wortgruppen (im Nominativ) ab und unterstreiche das nominalisierte Verb:
DIESESMERKWÜRDIGEGRUNZENDEINARROGANTESGRINSEN(IN+DAS)VERGEBEN(DAS)VORANGEHEN(EIN)EWIGESHOFFEN...BANGENDASWARTEN(VON+DAS)HASTIGETRINKEN(EIN)BETTELN...FLEHEN(IHR)STÄNDIGESHERUMHACKENEINLAUTESSCHEPPERN(ZU+DAS)SCHWIMMEN(SEIN)FROHLOCKEN

b) Ergänze die Bildtexte im richtigen Kasus. Unterstreiche dabei das Signal für die Nominalisierung.

3. **Aus (nicht-)literarischen Werken**

Wilhelm Busch: *Mit dem bezahlen wird man das meiste geld los. – All mein hoffen, all mein sehnen ...*
Gottfried B. Hancke: *Auf, auf zum fröhlichen jagen ...* Bibel: *... geben ist seliger denn nehmen.*
Johann Wolfgang von Goethe: *Frei will ich sein im denken und im dichten. – ... irren ist menschlich.*
Viktor von Scheffels: *Man spricht vom vielen trinken stets, doch nie vom vielen durste!*

a) Hier sind die nominalisierten Verben und die Nomen kleingeschrieben. Verbessere sie zweifarbig.
Tipp: Drei nominalisierte Verben haben keine Signale, aber du könntest sie ergänzen. Welche?

b) ✎ Schreibe die Sprüche und die Zitate richtig ab.

Flirt im Chat

4. Lorelei – Hallo, Frühaufsteher! Wer hat jetzt schon Lust __________ Quatschen?

Quatschkopp – Wieso __________ Quatschen? So'n Quatsch!

Zorro Zahnlos – Hab mir heute Morgen __________ hektischen Zähneputzen fast ein Auge ausgestoßen. Was sagt ihr dazu?

Quatschkopp – Wieso __________ Zähneputzen? So'n Quatsch!

Susi – Bin auch schon wach. Leider! Hab __________ schönen langen Schlafen noch ganz verwuschelte Haare. Die sind übrigens blond.

Quatschkopp – Verwuschelte blonde Haare! So'n Quatsch!

Lorelei – Wenn dir __________ Quatschen nicht gefällt, dann bleib weg, Quatschkopp!

Playboy – He, ich steh auf Blondinen. Welche Farbe haben denn deine Augen?

Quatschkopp – Ich steh auch auf Blondinen: Kennt ihr den? Warum hält eine Blondine __________ Küssen ihre Augen auf??? Sie weiß nicht, wie es geht … Hahaha!

Schmollmund – Ich bin auch blond, habe blaue Augen und einen süßen Mund, und ich weiß schon, wie __________ Küssen geht.

Playboy – He, Schmollmund, wo wohnst du?

Schmollmund – Wo ich wohne, Playboy? Das wüsstest du wohl gern! Erzähl mir erst mal, wie du aussiehst.

Playboy – O. k., Schmollmund: Vor __________ Kämmen seh ich aus wie eine Heidschnucke und danach auch nicht besser.

Schmollmund – Die Heidschnucke kommt wohl aus der Lüneburger Heide, was? Wie bist du denn so __________ Tanzen?

Playboy – Tanzen liegt mir im Blut, Schmollmund.

Lorelei – Mensch, hört doch endlich mit __________ doofen Flirten auf!

Christian – Ja, wirklich, Flirten ist doof. Kann denn mal keiner 'nen ernsthaften Beitrag bringen? Was haltet ihr denn von der aktuellen Diskussion übers Schüler-Bafög?

Playboy – Help! __________ Tanzen __________ Flirten __________ Diskutieren. Ich geh wieder ins Bett. Meld dich mal wieder, Schmollmund!

Sara – Hallo, Christian! Schüler-Bafög ist ein super Stichwort. Wenn das __________ Vera…, ich meine Verdummen ist, was die da mit uns vorhaben, dann weiß ich es auch nicht.

Quatschkopp – Du weißt es nicht? Bist du denn auch blond? …

a) Hier fehlen die Signale für nominalisierte Verben. Unterstreiche zuerst die nominalisierten Verben.

b) Wähle jetzt aus den folgenden Signalen aus, forme sie ggf. um und ergänze sie sinnvoll: bei + dem (3x), dem (2x), in + dem, kein, richtiges, über + das, unser, von + dem (2x), zu + dem (3x).

c) Im Text stehen zwei weitere nominalisierte Verben ohne Signal. Markiere sie extra.

d) Löse hier die sprachlich unschönen Nominalisierungen auf und formuliere die Sätze um:
Wenn ich am Surfen bin, lasse ich mich von niemandem stören.
Meine Mutter kann nicht zum Telefon kommen, sie ist gerade am Baden.
Als ich gemütlich am Fernsehen war, klingelte es und mein Lehrer stand vor der Tür.

Dichter, Denker und Lenker

1. DASBESSEREAEIDERNÄCHSTEAEDASMORALISCHEAEDEMGLÜCKLICHENAEIDASANGENEHMEAEIOU
AEIDIESCHWACHENAEIDENWEINENDENAEIODEMTÜCHTIGENAEDESGUTENAEDERGERECHTEAEIO
DASGUTEAEIOUDESMÖGLICHENAEIDASRETTENDEAEDENFRÖHLICHENAEIOUDEMNÜTZLICHENAEI

a) Markiere die versteckten Wortgruppen. Welche Wortart(en) wird (werden) hier nominalisiert?
Mit welchen Wörtern wird die Nominalisierung angekündigt?

b) Schreibe die Wortgruppen ab. Worauf musst du achten?

2. Das Wichtigste fehlt!

Terenz (190–159 v. Chr.): Jeder ist sich selbst _ _ _ _ _ _ _ _ _ _.

Schiller (1759–1805): _ _ _ _ _ _ _ _ _ _ _ _ _ _ schlägt keine Stunde.

Psalm 34, 20 (Altes Testament): _ _ _ _ _ _ _ _ _ _ _ muss viel leiden.

Hölderlin (1770–1843): Wo aber Gefahr ist, wächst _ a _ _ _ _ _ _ _ _ _ _ auch.

Voltaire (1694–1778): _ a _ _ _ _ _ _ _ _ _ ist der Feind _ _ _ _ _ _ _ _.

von Bethmann-Hollweg (1856–1921): Freie Bahn _ _ _ _ ü _ _ _ _ _ _ _ _.

Schiller: Verbunden werden auch _ _ _ _ _ _ _ _ _ _ _ _ mächtig.

Goethe (1749–1832): Warum in die Ferne schweifen? Sieh, _ _ _ _ _ _ _ liegt so nah.

Vischer (1807–1887): _ a _ _ _ _ _ _ _ _ _ _ _ versteht sich immer von selbst.

Bismarck (1815–1898): Politik ist die Kunst _ _ _ _ _ g _ _ _ _ _ _.

Römer 12, 15 (AT): Freuet euch mit _ _ _ _ _ _ _ _ _ _ _ _ _ und weinet mit

_ _ _ _ _ _ _ _ _ _ _ _. Horaz (65–8 v. Chr.): _ a _ _ _ _ _ _ _ _ _ _ _

mit _ _ _ _ _ _ _ _ _ _ _ _ _ verbinden …

a) Ergänze die Lücken mit den Wortgruppen aus Aufgabe 1. Tipp: Zähle ggf. die Striche.

b) Überlege, in welchen Situationen man diese Sprüche heute anwenden könnte.

3. Noch mehr Sprüche

Gebrüder Grimm (18./19. Jh.): Etwas Besseres als den Tod findest du überall.
Hölderlin: Alles Getrennte findet sich wieder. Goethe: Alles Gescheite ist schon gedacht worden.
Schiller: Immer strebe zum Ganzen, und kannst du selber kein Ganzes werden, als dienendes Glied schließ an ein Ganzes dich an. Plautus (250–184 v. Chr.): Geschehenes lässt sich nicht ungeschehen machen.
Napoleon I. (1769–1821): Vom Erhabenen zum Lächerlichen ist nur ein Schritt.
Terenz: Ich bin ein Mensch, nichts Menschliches ist mir fremd.
Kästner (1899–1974): Es gibt nichts Gutes außer: Man tut es.

a) Markiere das nominalisierte Adjektiv/Partizip und das Wort, das die Nominalisierung ankündigt.

b) Ordne die nominalisierten Adjektive/Partizipien nach den Signalen, die sie ankündigen:
Indefinitpronomen: … Präpositionen: … andere: …

c) Welche Indefinitpronomen kennst du noch?
Bilde eigene Sätze mit nominalisierten Adjektiven/Partizipien.

d) Informiere dich in einem Lexikon über die Sprüche-„Klopfer“.

Adjektive im Speziellen

4. Eine giftige Spinne, die sogar ihr Männchen auffrisst, heißt das Fleißige Lieschen. ____________

Der Chef für den technischen Bereich eines Unternehmens ist der Heilige Vater. ____________

Seen mit bewachsenem Ufer oder Sümpfe sind die Heimat der Roten Johannisbeere. ____________

Die Kontinente Europa, Asien und Afrika nennt man auch die Neue Welt. ____________

Der volkstümliche Name für eine Balkonpflanze aus Südafrika ist Schwarze Witwe. ____________

Ein säuerlich-süßes Beerenobst ist das Produkt des Kleinen Sumpfhuhns. ____________

Amerika nennt man, in Erinnerung an seine späte Entdeckung, auch die Alte Welt. ____________

Eine Blume, deren starkes Gift bereits durch Berührung wirkt, heißt die Weiße Rose. ____________

Einen Teil der Ostsee, den zwischen Jütland und Fünen, nennt man den Nahen Osten. ____________

Der oberste Hirte für die katholischen Christen ist der Technische Direktor. ____________

Eine Widerstandsgruppe zur Zeit des Nationalsozialismus hieß Blauer Eisenhut. ____________

Politisch und geographisch nennt man die Länder am östlichen Mittelmeer Kleinen Belt. ____________

a) Die Wortgruppen mit dem großgeschriebenen Adjektiv sind natürlich vertauscht. Ordne sie richtig zu.

b) Die Wortgruppen entstammen den Bereichen: Geographie, Botanik, Zoologie, Titel/Bezeichnungen …
Schreibe hinter die korrigierten Zeilen jeweils den Bereich, aus dem die Wortgruppe stammt.

5. Wortgruppen und Wendungen

„Typisch, dass die Ampel ... ... springt, wenn ich komme!“, entfährt es dem gestressten Autofahrer.
„Deine Inhaltsangabe solltest du erst ... . schreiben“, empfiehlt die Deutschlehrerin Tobias.
„Es wird ... . sein, wenn du mit dem Eckmotiv anfängst“, erklärt der erfahrene Puzzle-Spieler.
„Ob ich nun für Mathe lerne oder nicht – es kommt auf ... . hinaus“, sagt die frustrierte Anne.
„Mein Traum ist es, irgendwann ein eigenes Haus .. .. zu haben“, erzählt die Auszubildende.
„Wenn ich bloß wüsste, wie ich diese verfahrene Sache ... . wenden kann“, murmelt Chris.
„.. .... sind wir uns doch einig“, befinden die zufriedenen Mitglieder der Arbeitsgruppe.
„Musst du eigentlich alles bis ... . nachfragen!“, fährt Jan seinen kleinen Bruder genervt an.
„Ich habe aber noch .... anzumerken“, erklärt der interviewte Politiker dem Journalisten.

a) Ergänze die fehlenden Ausdrücke mit nominalisiertem Adjektiv. Bilde sie der Reihe nach aus:
auf + rot • in ➛ das + rein • das + einfach (Superlativ!) • das + gleich • in ➛ dem + grün • zu ➛ dem + gut • in ➛ dem + wesentlich • in ➛ das + klein (Superlativ!) • folgend

b) Obwohl in den folgenden Sätzen Adjektive auf Signale folgen, schreibt man sie klein. Warum?
In diesem Satz ist es am einfachsten, wenn du die zweite Präposition hinterfragst.
Auf 1000 m schwimme ich die ersten 500 m im Schnitt langsamer als die folgenden.
Vor dem Kartenschalter warteten die Fans stundenlang, die älteren sogar schon seit Mitternacht.

Streit ums Geld

Wann bekomme ich endlich mein Geld zurück?

Nun stell dich wegen der läppischen 30 Euro nicht so an!

Dein Gedächtnis funktioniert wohl nicht richtig. Am Anfang steht eine Vier, keine Drei.

Ja, ja, stimmt! Aber ich bin jetzt nicht flüssig.

Und wann bist du flüssig?

Meine Eltern geben mir die Kohle leider nicht vor dem Ersten!

Das hättest du mir im Voraus sagen müssen!

Den anderen hab ichs gesagt …

Was?! Du hast dir bei anderen auch Geld geliehen?

Mensch, ich stand vor dem Nichts! Ich bin doch seit Monaten blank. Was sollte ich denn machen?

Und das erwähnst du jetzt so nebenbei! Ich könnte mich im Nachhinein schwarz ärgern, dass ich dir überhaupt Geld geliehen habe.

Komm, reg dich ab, wir sind doch Freunde!

Auf einen Freund, der Mein und Dein nicht ernst nimmt, kann ich verzichten.

He, sag das nicht! Ich zahl dir jeden Euro zurück, aber …

Wenn es um Geld geht, gibt es für mich kein Aber!

Was soll das jetzt? Du kannst dich auf mich verlassen! Tatsache!

Also gut! Wann bekomme ich meine 40 Euro zurück?

O nein! Geht dieses Hin und Her schon wieder los?

Ja, es geht schon wieder los, und zwar so lang, bis du mir glaubhaft gesagt hast, wann du deine Schulden zurückzahlst!

Mann, Schulden – wie sich das anhört!

Ich bin es endgültig leid! Für mich zählt jetzt nur noch ein Entweder-oder.

Was meinst du denn damit?

Entweder du zahlst oder unsere Freundschaft ist aus! Aber das Geld bekomme ich trotzdem.

O. k., o. k.! Bist du weniger sauer, wenn ich dir fürs Erste fünf Euro wiedergebe?

Ich denke, du hast kein Geld.

Na ja, ich könnte mir bei irgendwem ’nen Zehner leihen …

a) Hier werden verschiedene Wortarten nominalisiert. Finde die Nominalisierungen und markiere sie.

b) Ordne die Wortgruppen mit der Nominalisierung nach selbst formulierten Regeln.

c) Formuliere mit fünf nominalisierten Wörtern dieser Seite eigene Sätze.

d) Bilde Sätze mit: der Nächste, eine Eins/Zwei …, das Für und Wider, Ach und Krach, das A und O.

Teste dich!

Daniel weiß nicht, ob er nach	der Mittleren Reife der mittleren Reife	abgehen soll oder nicht.
Um ein Livekonzert zu erleben, will Mia	alles Mögliche alles mögliche	auf sich nehmen.
Die Klasse 8 a hat im Unterricht mit	dem lesen dem Lesen	der „Judenbuche“ begonnen.
Im Märchen wird am Ende häufig	alles gut, alles Gut,	in der Realität leider nicht immer.
Die Angeklagte beteuert, dass sie nicht	das geringste das Geringste	von dem Überfall gewusst habe.
Sara ist heute	beim Balancieren beim balancieren	vom Schwebebalken gestürzt.
Meine kleine Schwester ist in Deutsch	die Phantasievollste die phantasievollste	aller Aufsatzschreiberinnen.
Leider nimmt es Paul	im allgemeinen im Allgemeinen	mit der Pünktlichkeit nicht genau.
Ich glaube, Kerstin hält	den Blauen Planeten den blauen Planeten	für ein neues Computerspiel.
Bedauerlicherweise deutet	ein Rauschen ein rauschen	im Gerät auf einen Defekt hin.
Auf Simons Party gab es natürlich	nichts alkoholisches, nichts Alkoholisches,	sondern nur Limo und Säfte.
Lea ist offenbar der Meinung, dass	ihr ewiges Betteln ihr Ewiges betteln	irgendwann zum Erfolg führt.
Wir gewinnen die Wahl nur, wenn sich	jeder einzelne jeder Einzelne	für die Sache engagiert.
Vreni will Toni	vieles Verzeihen, vieles verzeihen,	Hauptsache, er kommt zurück …
Hajo beschließt, nach dem Mittagessen	als Erstes als erstes	seine Hausaufgaben zu machen.
Mein Vater bezweifelt, dass	demonstrieren Demonstrieren	ein wirksames Mittel ist.
Hülyas großer Bruder ist	im Verteilen im verteilen	von Komplimenten großzügig.
Was meint ein Politiker, wenn er	vom Sozialen Netz vom sozialen Netz	spricht?
André beherrscht im Sport	am Besten am besten	das Geräteturnen.
Die abgebrannte Helga würde gern	im voraus im Voraus	ihr Taschengeld bekommen.
Meine Großmutter hat sich wieder	Verschiedenes verschiedenes	vom Versandhaus bestellt.
Ich bin der festen Überzeugung, dass	das Einzig richtige das einzig Richtige	eine ehrliche Aussprache ist.
Von den beiden Röcken nimmt Sonja	den Längeren, den längeren,	weil sie ihre Beine hässlich findet.
Jos Flanke ist zum wiederholten Mal	im aus im Aus	gelandet.

a) In der mittleren Spalte ist jeweils nur ein Vorschlag richtig. Streiche den falschen deutlich durch. Achtung: Nicht jedes Signal kündigt hier eine Nominalisierung an! Lies immer den ganzen Satz.

b) Bilde mindestens drei Sätze, in denen sich ein allein stehendes Adjektiv auf ein Nomen bezieht. Ein Beispiel dafür findest du im vorletzten Satz. Wie schreibst du das Adjektiv in diesem Fall?

Marks Praktikum

1. Mark liest folgenden Artikel in der Stadt-Zeitung:

Häusliche Familien- und Altenhilfe

Berufskolleg Jülich bereitet Hauptschüler/innen und Realschüler/innen vor

Der Bedarf an qualifiziertem Pflegepersonal steigt durch die Einführung der Pflegepflichtversicherung stark an. Auf diesen Bedarf hat sich das Berufskolleg Jülich durch Zusammenarbeit und Kontakte mit den Pflegeinstitutionen seit 1993 eingestellt.

Damit möglichst viele junge Menschen diese berufliche

Besonders wichtig und ebenso beliebt ist das dreiwöchige Praktikum in jedem Schuljahr, das die Schülerinnen und Schüler in ambulanten und stationären Pflegeeinrichtungen absolvieren. Zu weiteren Informationen wenden sich Interessenten an das Berufskolleg Jülich ...

a) Wenn du Wörter nicht kennst, schlage sie in einem (Fremd-)Wörterbuch nach.
Lies ansonsten sofort, was Mark in einem Brief schreibt:

Sehr geehrte Damen und Herren,
heute habe ich Ihren Artikel in der Stadt-Zeitung gelesen und möchte Sie hiermit bitten, mir weitere Informationen zuzuschicken.
Ich gehe noch zur Schule, und zwar in die 9. Klasse der Zitadellenschule in Xyz. Vielleicht werde ich mich später um die Aufnahme an Ihrem Berufskolleg bemühen. Zunächst interessiere ich mich jedoch für das Praktikum, das Sie erwähnen. Ich glaube, dass ich mit alten, hilfsbedürftigen Menschen gut zurechtkomme. Ich möchte es auf jeden Fall ausprobieren. Nach dem Praktikum kann ich mich ja sicher auch mit Ihnen beraten?!
Wie Sie meiner Adresse entnehmen, wohne ich in einem kleinen Ort außerhalb. Deshalb wäre ich Ihnen dankbar, wenn Sie mir eine Pflegeeinrichtung in meiner Nähe empfehlen könnten. Auf Ihre Unterlagen bin ich sehr neugierig.

b) Unterstreiche alle Anredepronomen in Marks Brief. Wie werden sie am Anfang geschrieben?

c) Wenn Mark ein Schreiben vom Berufskolleg bekommt, wie spricht man ihn an: mit „Sie“ oder „du“?
Wie werden die Pronomen der Duzanrede (du, dir, dein …) im Brief und anderswo geschrieben?

d) Formuliere eine Bewerbung für ein Praktikum oder einen Ferienjob. Benutze Anredepronomen.

2. Mark zu Schwester Helga:

„Wissen sie, was die alte Frau Trimmel mir gestern gesagt hat? Dass sie lange nicht mehr so einen zuvorkommenden, jungen Mann erlebt habe. Und das nur, weil ich ihre dünnen Haare vorsichtig gekämmt habe. Frau Trimmel hat es nicht gemerkt, aber ihnen kann ich es ja sagen: Ich hatte vielleicht einen Bammel, dass ich ihr noch mehr Haare auszupfe, denn sie hat doch nur noch so wenige. Und sie glauben es nicht: Extra für mich hat sie ihr Familienalbum hervorgekramt. Hat sie ihnen die Bilder auch mal gezeigt? Wahrscheinlich ist sie froh, dass jemand nicht nur sein Programm runterspult, sondern sich auch mal mit ihr unterhält. Von ihnen spricht sie ja dauernd. Sie mag sie sehr gern, aber das wissen sie ja. Ohne ihre Hilfe könnte sie sich noch nicht mal waschen. Ich freue mich, dass ich morgen wieder mit ihnen unterwegs bin. Und Frau Trimmel freut sich auch, wenn sie sie morgen wieder sieht.“

a) Hier sind die Pronomen der Höflichkeitsanrede kleingeschrieben. Finde und korrigiere sie deutlich.

b) Markiere die anderen Pronomen (Personal- und Possessivpronomen) in einer anderen Farbe.

Spiel mit Zeiten

1. **vorgestern Nachmittag • morgen am frühen Abend • übermorgen Mittag • heute Nachmittag • übermorgen früh • gestern Morgen • vorgestern Mittag • morgen am späten Vormittag gestern Abend • heute am frühen Morgen • übermorgen am späten Abend heute Nacht • vorgestern früh • morgen früh • morgen mitten in der Nacht • vorgestern Nacht • gestern am frühen Vormittag • heute Mittag • gestern Mittag • vorgestern Abend • übermorgen Nachmittag**

a) Hier sind die Tageszeiten von fünf Tagen durcheinander gewürfelt.
Markiere die Tageszeiten, die zu einem Tag gehören, in derselben Farbe.

b) Ordne die Tageszeiten in das Raster ein. Beginne mit der Tageszeit, die am weitesten zurückliegt. Ende mit der, die am weitesten vorn liegt. Achte auf die richtige Groß- und Kleinschreibung.

_ _ _ _ _ _ _ _ _ _   _ _ _ _ ⇨ _ _ _ _ _ _ _ _ _ _   _ _ _ _ _ _ ⇨
_ _ _ _ _ _ _ _ _ _   _ _ _ _ _ _ _ _ _ _ ⇨ _ _ _ _ _ _ _ _ _ _
_ _ _ _ _ ⇨ _ _ _ _ _ _ _ _ _ _   _ _ _ _ _ → _ _ _ _ _ _ _
_ _ _ _ _ _ ⇨ _ _ _ _ _ _ _   _ _   _ _ _ _ _ _   _ _ _ _ _ _ _ _ _ ⇨
_ _ _ _ _ _ _   _ _ _ _ _ _ ⇨ _ _ _ _ _ _ _   _ _ _ _ _ → _ _ _ _ _
_ _   _ _ _ _ _ _   _ _ _ _ _ _ ⇨ _ _ _ _ _   _ _ _ _ _ _ ⇨ _ _ _ _ _
_ _ _ _ _ _ _ _ _ _ ⇨ _ _ _ _ _   _ _ _ _ _ → _ _ _ _ _ _   _ _ _ _
⇨ _ _ _ _ _ _   _ _   _ _ _ _ _ _   _ _ _ _ _ _ _ _ _ ⇨ _ _ _ _ _ _
_ _   _ _ _ _ _ _   _ _ _ _ _ ⇨ _ _ _ _ _ _   _ _ _ _ _ _   _ _   _ _ _
_ _ _ _ _ → _ _ _ _ _ _ _ _ _ _   _ _ _ _ ⇨ _ _ _ _ _ _ _ _ _ _
_ _ _ _ _ _ ⇨ _ _ _ _ _ _ _ _ _ _   _ _ _ _ _ _ _ _ _ _
⇨ _ _ _ _ _ _ _ _ _ _   _ _   _ _ _ _ _ _   _ _ _ _ _

c) Lösung: Bei Tageszeiten schreibt man Z__________ klein und __________ groß.

2. Von morgens bis nachts

																D	E	E	E	E	E	E	E	E	E	E	E	E	E	E	E	E	E	E	E	E	E
E	I	N	E	S	M	O	R	G	E	N	S	E	E	E	E	E	E	E	A	M	V	O	R	M	I	T	T	A	G	E	E	E	E	M	E	E	E
A	E	E	E	E	E	R	E	E	E	A	E	E	E	E	E	R	E	E	E	E	E	E	E	E	E	E	E	B	E	E	E	E	E	I	E	E	E
E	E	E	J	E	D	E	N	N	A	C	H	M	I	T	T	A	G	E	E	E	E	E	E	E	E	E	G	E	G	E	N	M	I	T	T	A	G
E	E	E	E	E	E	E	E	E	E	H	E	E	E	E	B	E	E	E	E	E	E	E	E	E	E	E	E	N	E	E	E	E	E	T	E	E	E
E	D	E	R	V	O	R	M	I	T	T	A	G	E	E	E	E	E	E	E	E	E	E	E	E	E	E	E	D	E	E	E	E	E	E	E	A	E
E	E	E	E	E	E	E	E	E	E	E	S	E	E	E	E	N	E	E	E	E	E	E	E	E	D	I	E	S	E	N	M	O	R	G	E	N	E
E	E	E	E	E	E	E	E	E	E	E	E	E	E	I	N	D	E	R	N	A	C	H	T	E	E	E	E	E	E	E	E	E	E	S	E	E	E

a) Hier sind elf Wendungen zu sechs Tageszeiten versteckt. Markiere sie.

b) Schreibe zu allen Tageszeiten (von der frühesten bis zur spätesten) alle Wendungen auf:
der Morgen   diesen Morgen   eines M…   am M…   jeden M…   gegen M…   morgens
der Vorm…   diesen Vorm…   …

Julias Tagebuch

3.

Montagnachmittag (28. 3.)
Heute Morgen habe ich IHN gesehen. Total süß! ER fuhr mir mit seinem Fahrrad praktisch vor die Nase, direkt aus der Ausfahrt eines Hauses. Ich muss mir unbedingt die Nummer merken. Das habe ich heute Mittag verschwitzt. Ob ER jeden Montag um dieselbe Zeit losfährt?

Dienstagabend (29. 3.)
Habe IHN heute nicht gesehen. Dabei bin ich, nachdem ich sein Haus (Nr. 13!!!) passiert hatte, so langsam weitergeradelt, dass ich zu spät zur ersten Stunde gekommen bin. Vielleicht hat ER dienstags keine erste Stunde??? ER geht bestimmt noch zur Schule. Ich schätze IHN auf 16.

Mittwochmittag (30. 3.)
Ja! Heute Mittag habe ich IHN wieder gesehen, leider nur von hinten. ER ist an uns vorbeigefahren, als ich mit Marina noch an der Ecke gequatscht habe. Zu blöd auch! Ihr habe ich noch nichts gesagt. Aber ich weiß jetzt, wann ER mittwochmittags frei hat.

Donnerstagnachmittag (31. 3.)
Heute habe ich IHN nicht gesehen. Die Chance war auch gering. Neuerdings habe ich ja Donnerstag die erste Stunde frei, aber dafür bis nachmittags die Französisch-AG.

Freitagmittag (1. 4.)
Das ist kein Aprilscherz: ER hat mich angelächelt! Heute, am Freitagmittag, den 1. April! Ganz kurz nur, aber … puh! ER sieht ja noch süßer aus, als ich dachte. Ganz tolle, dunkelbraune Haare hat ER und – ich glaube – auch braune Augen. Und der Mund! Einfach süß! Zweimal habe ich IHN heute gesehen: am Morgen von hinten und dann heute Mittag. Gerade hatte ich mich noch mit Marina für Sonntag früh verabredet und saß schon wieder im Sattel. Da hat ER uns überholt, aber ziemlich langsam. Und dabei hat ER den Kopf in meine Richtung gedreht und richtig gelächelt!!! Ich glaube, ich habe IHN nur total blöd angestarrt. Und rot bin ich auch noch geworden. Marina hat sofort gemerkt, dass da irgendwas ist. Ich habs aber runtergespielt. Ich will noch nicht darüber reden. Ich weiß ja selbst nicht, was mit mir los ist. Und morgen ist keine Schule!!! Wie soll ich bloß den Samstag und den Sonntag überstehen? Und wenn ich IHN dann am Montag sehe? Ob ER mich anspricht? Wenn es doch nur schon Montagmorgen wäre …

a) Markiere in Julias Einträgen alle Zeitangaben, die einen Wochentag enthalten, z. B. Montagnachmittag. Markiere auch die Signale, die manchmal davor stehen. Was kündigen sie an?

b) Markiere jetzt alle Zeitangaben, die keinen Wochentag enthalten.

c) ✎ Unterscheide alle Zeitangaben aus Julias Text so: Zeitangaben mit Nomen: … Zeitadverbien: …

4. Montagmittag (4. 4.)

AMSAMSTAG schreibt Julia zuerst nichts in ihr Tagebuch, GEGENABEND ist sie allerdings so aufgeregt, dass sie eine ganze Seite voll schreibt. Dass sie DENMONTAG kaum noch erwarten kann, schreibt sie auch SONNTAG hinein. Dann ist es so weit: Julia steht MORGENS ganz FRÜH auf und hat erst einmal ein Kleiderproblem. In ihrem neuen T-Shirt hat *er* sie ja schon AMFREITAGMITTAG gesehen, deshalb wählt Julia heute ein Kleid, das ihre schlanke Figur betont. Sie schminkt sich sogar, was sie noch nie MONTAGMORGENS geschafft hat. Ergebnis: Sie fährt an DIESEMMORGEN später los als sonst. Aber als sie dann atemlos die Ausfahrt mit der Nr. 13 erreicht, kommt *er* gerade heraus, so als ob *er* sie abgepasst hätte. Das hatte er tatsächlich. Und Julia schrieb AMMONTAGMITTAG in ihr Tagebuch, dass sie Thilo ab MORGEN jeden Tag treffen würde, auch DONNERSTAGSFRÜH …

a) Teile die Zeitangaben, sofern sie aus zwei Wörtern bestehen, mit einem senkrechten Strich ab.

b) ✎ Schreibe den Text in der richtigen Groß- und Kleinschreibung ab. Unterstreiche die Zeitangaben.

Nomen oder nicht?

1. angst ernst kraft laut leid pleite recht schuld wert zeit dank stelle trotz willen

a) Sicher weißt du, dass alle Wörter auch Nomen sind. Schreibe sie mit ihren Artikeln auf.

b) Bilde Wortgruppen mit den Nomen von a) (außer den letzten vieren) und den folgenden Verben:
… haben … behalten … bekommen … geben … gehen … legen … machen … tragen
Schreibe so viele sinnvolle Verbindungen auf wie möglich, z. B. *Angst haben.*

2. Nicht Nomen, sondern …

Adjektive

„Du bist ______, dass ich unglücklich bin“, wirft Susi ihrem Freund schluchzend vor. – Sven ist es ____, immer den Babysitter für seine kleine Schwester zu spielen. – Angesichts der dunklen Gewitterwolken wispert Oma: „Mir wird _____ und bange.“ – Der alteingesessene Optiker ist leider ______. – Einem skrupellosen Menschen ist jedes Mittel _____. – Als die gegnerische Mannschaft in der 80. Minute in Führung geht, sagt der Fußballfan ahnungsvoll: „Nun wird es _____!“ – „Diese Vase soll ein Vermögen ____ sein?“, wundert sich der Museumsbesucher.

Präpositionen

„Um Gottes ______, was ist denn das?“, ruft Herr X, als in seinem Garten ein UFO landet. – Lu läuft _____ des Sturms ihre morgendliche Runde. – Die Polizistin klärt einen gaffenden Autofahrer auf: „Sie sind ____ Gesetz zur Hilfeleistung verpflichtet.“ – Pia streckt ihrem Erzieher, an______ einer Antwort, die Zunge heraus. – Opa hat ____ seines Lebens Zigarren geraucht. – Chris strahlt seine Freundin an: „Die Erörterung habe ich nur ____ deiner Hilfe so gut hinbekommen.“ – „Ich könnte Sie _____ meines Amtes mit einem Bußgeld belegen“, droht der Richter.

a) Links sind es Adjektive/adjektivisch gebrauchte Nomen, die du ergänzen musst, rechts Präpositionen. Die fehlenden Wörter kennst du übrigens aus Aufgabe 1. Worauf musst du nun hier achten?

b) Mit welchen Verben bilden hier die Adjektive/adjektivisch gebrauchten Nomen eine Wortgruppe?

c) Schreibe mit jeweils drei Lückenwörtern aus der linken und der rechten Spalte eigene Sätze.

Trotz Nomen-Signal werden die Pronomen hier kleingeschrieben, z. B.: ihr beiden, der eine, etwas (…) anderes.

3. Adjektiv, Nomen oder Präposition

Die Fernsehjournalisten A. und Z. nehmen die jüngsten Morddrohungen gegen sie XXX, Polizeischutz halten die XXX jedoch für überflüssig. „Ich habe XXX meines Lebens seriösen Journalismus betrieben. Jetzt gilt es, sich nicht XXX machen zu lassen. Alles XXX wäre verkehrt“, wird Z. in der *Lupe* zitiert. Der 60-jährige A. äußerte sich XXX *Lupe*: „Den XXX meiner Arbeit definiere ich nicht danach, ob ich es allen Eseln XXX machen kann. Nach dem XXX dieser Kriminellen soll ich nun wohl XXX bekommen und aufgeben?! – Nein! Niemals werde ich es XXX werden, den Extremismus zu bekämpfen.“ – Es bleibt abzuwarten, ob A. mit seiner Absicht, in den Ruhestand zu treten, nicht vorzeitig XXX macht.

Schreibe den Text ab und ergänze dabei die folgenden Wörter in der richtigen Schreibung:
ernst, beiden, zeit, bange, andere, laut, wert, recht, willen, angst, leid, ernst.

Mein Mensch bleibt fit

gestatten, alma vom wildforst. gerufen werde ich allerdings andra, benannt nach einer griechischen prinzessin. unter dem namen „heidewachtel“ bin ich in waidmannskreisen als hund für alle fälle beliebt und gesucht, bekannt ist mehr mein anderer abstammungsname „kleiner münsterländer“.

ich bin ein energiebündel und brauche viel bewegung. und so sorge ich dafür, dass mein herrchen mir viel auslauf gewährt. auf den spaziergängen frühmorgens, nachmittags und abends halte ich ihn fit für seinen job als besucherbetreuer im kraftwerk weisweiler, denn hier muss er mit den gästen bei den besichtigungsrundgängen lange wege zurücklegen.

zweimal in der woche steigern wir dann auf dem platz der eschweiler hundefreunde unsere fitness beim „agility“, einer hundesportart, die in den letzten jahren durch ihre vielfältigkeit immer mehr anhänger findet. mit einem ständig vom aufbau her wechselnden parcours aus hürden, tunnel, wippen, stegen und vielem mehr ist von uns beiden viel aufmerksamkeit erforderlich. ohne „saft“, also dem strom aus dem kraftwerk, wäre es in den wintermonaten ganz schön düster auf dem hundeplatz.

kleiner münsterländer

besucher willkommen

in der woche muss ich dann auf meinen menschen warten, wenn er zur arbeit ist. viele interessierte besucher aus nah und fern – schüler, vereinsmitglieder, studenten und leute unterschiedlichster nationalität – führt er durch die riesigen kraftwerksanlagen. jeder interessierte ist nach einer telefonischen anmeldung herzlich willkommen (mindestalter 15 jahre).

ich kenne diese „wolkenfabrik“ nur von den langen spaziergängen. bald ist wieder feierabend. dann kann ich mit meinem menschen nach draußen. bei jedem wetter halten wir uns fit.

Natürlich ist dir sofort aufgefallen, dass kein Wort großgeschrieben ist.
Unterstreiche als Erstes die Satzanfänge und verbessere sie.

Markiere jetzt die Wörter, die du nicht kennst.
Schlage ihre Bedeutung in einem (Fremd-)Wörterbuch nach.

Verbessere nun den Text.

Schreibe die korrigierten Eigennamen hier auf:

___

___

Schreibe den Text in der richtigen Groß- und Kleinschreibung ab.

Textquelle: „Wo wir wohnen“, Nr. 41/99, Herausgeber: RWE Energie AG, Bereich Öffentlichkeitsarbeit und Information (Kruppstr. 5, 45128 Essen oder Internet: http://www.rweenergie.de). Informiere dich.

Vokale/Umlaute und Konsonanten

Vokale/Umlaute und Konsonanten

Kurz gesprochene Vokale/Umlaute

Auf einen kurzen Vokal folgt in der Regel eine Mehrfachkonsonanz.
Sonderfälle: kurzer Vokal vor ck und tz.

in deutschen Wörtern

Beispiele:

vor verschiedenen Konsonanten: Hilfe, denken, Kopf, lästig, Asche, wachsen, Sumpf, wünschen, selbst

vor denselben Konsonanten: Ebbe, Paddel, öffnen, Dogge, alle, dumm, denn, Lippe, irr, essen, Fett

Beispiele für Sonderfälle:

vor ck: Lack, Päckchen, lecker, schick, stocken, Höcker, schlucken, zurück

vor tz: Matratze, schwätzen, Netz, witzig, trotz, plötzlich, Schmutz, stützen

TIPP: Hat ein Wort einen kurzen Vokal mit folgender Schärfung (ck …), dann trifft dies in der Regel auf alle Wörter der Wortfamilie zu.

Ausnahmen

In einigen kurzen Wörtern folgt dem kurzen Vokal nur ein Konsonant. Diese Ausnahmen lernt man am besten auswendig.

Beispiele für Ausnahmen:
ab, an, (ich) bin, bis, das, es, (er) hat, hin, in, man, mit, um, von, was

in Fremdwörtern

In Fremdwörtern folgt auf einen kurzen Vokal oft nur ein Konsonant. Außerdem wird häufig k statt ck und z statt tz geschrieben.

Beispiele:
(das) Bi**t**, o**n**(line), (der) To**p**(star) – (die) A**k**te, (der) Ka**k**tus
Achtung: (der) Sto**pp**, (der) Ti**pp** (= eingedeutscht)

Lang gesprochene Vokale/Umlaute

Ein langer Vokal kann durch ein (Dehnungs)-h, durch ie(h) oder durch einen doppelten Vokal bezeichnet werden.

in deutschen Wörtern

mit bezeichneter Dehnung

Beispiele:

mit (Dehnungs)-h: Pfahl, zäh, Geschehen, ihr, Lohn, verwöhnen, Ruhm, mühsam

mit ie(h): Biest, Krieg, mies, pieksen, (er) sieht, schießen, Spaziergang, vielmals

mit doppeltem Vokal (aa, ee, oo): Paar (aber: P**ä**rchen!), Waage, Meer, leer, Boot (aber: B**ö**tchen!), doof

TIPP: Es gibt nicht allzu viele Wörter mit doppeltem Vokal. Am besten legt man eine Liste davon an.

ohne besondere Bezeichnung

Ein langer Vokal kann auch ohne Dehnungszeichen stehen.

Beispiele: Schale, (ich) wäre, Elend, schonen, verpönt, Schwur, für

in Fremdwörtern

TIPP: Das lang gesprochene i in Fremdwörtern wird in der Regel nur i geschrieben, am Ende von Fremdwörtern -ie/-ieren, z. B.: (der) Kredit, (die) Lawine, (das) Genie, gratulieren, zensieren

Diphthonge

Diphthonge (au, äu, eu, ai, ei …) werden immer lang gesprochen.

Beispiele: Schn**au**ze, vorl**äu**fig, h**eu**tzutage, T**ai**fun, Getr**ei**de

TIPP: Hat ein Wort einen langen Vokal mit oder ohne Bezeichnung, dann trifft dies in der Regel auf alle Wörter der Wortfamilie zu.

Aufeinandertreffen von denselben Buchstaben durch Zusammensetzungen

Bei Zusammensetzungen werden alle Buchstaben übernommen.

Beispiele:
Fes**t** + **T**ag = Fes**tt**ag, Sta**u** + **U**mleitung = Sta**uu**mleitung
au**f** + **F**ahrt = Au**ff**ahrt, b**e**- + **e**rben = b**ee**rben
Schri**tt** + **T**empo = Schri**ttt**empo, S**ee** + **E**lefant = S**eee**lefant

Wort-Ergänzungsrätsel

				T			B	Ü	H	N	E					Z			
				A							R				W	Ä	R	T	S
E	I	G	E	N							S					H			P
				Z			I			S	T	A	U	B		I			E
S				P	L	A	T	Z								G			Z
C																			I
H										B	L	A	T	T					A
U		S																	
T		C												S		T	Ö	N	E
Z		H	N	S				E						C					
		R		A				U						H					
		A		C				T						L					
A	N	N		H				R	E	P	O	R	T	A					
		K						O		L				G					
										Ä									
		T	E	R	R	O	R			R						F			
										R		I				A			
M	O	N	A	T	S	M				E		G				R		I	N
A						A								A		B			
ß						S	C	H	A	F	T		Z	U					
						T								S					

Vorgaben: AB(-) _ _NAHME AUF(-) AUGEN_ _ _ BE(-) BLITZ_ _ _ _ _ _

CHAT DECK_ _ _ _ _ ECK_ _ _ _ _ _ _ _ _ _ _ _ _ _TUM

ENT(-) _ _ _ _MALS _ _ _ _ _PHIE GE(-) _ _PLÄRRE HER(-)

HIN_ _ _ KLEE_ _ _ _ _ MANN_ _ _ _ _ _ MISS_ _ _ _

_ _ _GLIED _ _ _ _ _ _ _MIETE NÄRR_ _ _ _ _ _ _ _AGE

RISS_ _ RÜCK_ _ _ _ _ _ _ _ _ _VERSTAND _ _ _ _ _ _ _EFFEKT

_ _ _ _ _MILBE STEH_ _ _ _ _ _ _ _ _PAAR _ _ _ _ _ _HERRSCHAFT

THEATER_ _ _ _ _ TIER_ _ _ _ _ _ UMS UN(-) _ _GEFÄHR

VOR_ _ _ _ _ _ _ _ _ _KEIT ZAHN_ _ _ _ _ _ _LETZT

a) Ergänze das Rätsel mit den Vorgaben. Wie heißen die beiden Lösungssätze?

Ein Diphthong (au, ei …) wird _ _ _ _ _ _ _ _ _ gesprochen.

Deshalb folgen auf einen Diphthong _ _ _ ck, tz oder doppelte Konsonanten.

b) Ergänze nun die unvollständigen Vorgaben.

c) Schreibe die vervollständigten Vorgaben der Reihe nach auf. Markiere auf unterschiedliche Weise
- kurz gesprochene Vokale (vor ck, tz und doppeltem Konsonanten) und
- lang gesprochene Vokale (bezeichnet mit -h, ie, doppeltem Vokal).

d) Unterscheide auch die anderen betonten Vokale danach, ob man sie kurz oder lang spricht.

Frau Weck und die „liebe“ Nachbarin

1. Das ……-geln an der Wohnungstür wurde von jenem eigentümlichen ……-fen begleitet, das unzweifelhaft von den ……-zen Knöcheln der Etagennachbarin verursacht ……-de. ……-dem hob Frau Weck den Hörer des Haustelefons ab und ……-dete sich laut mit „Ja ……-te?“ Sie betätigte sogar den Tür-……-cker – wohl wissend, dass niemand vor der Haustür stand. „Ich bin es!“, ertönte es unweigerlich. Frau Weck ……-tete noch das übliche ……-zen ab, das entstand, wenn die Nachbarin ihre ……-gernägel zu ……-fe nahm, dann ……-nete sie die Wohnungstür. „Ach, Sie sind es, Frau Moll!“ Frau Weck be-……-wünschte sich ……-nerlich dazu, dass es ihr gelang, die Überraschte vorzu-……-zen.

„Ja, ich bins! ……-nen Sie mir wohl einen großen Ge-……-len tun?“ Frau Moll ……-te ein wenig heran und Frau Weck hatte Gelegenheit, das Gesicht ihrer Nachbarin aus nächster Nähe zu be-……-ten, was Frau Wecks Sympathie für Frau Moll mit-……-ten steigerte. „Stellen Sie sich vor, ich ……-te einen ……-ckeren ……-kuchen ……-cken – für heute ……-tag – und was sehe ich, als ich in den Kühlschrank ……-cke?“ Frau Weck ……-te bereits, was Frau Moll gesehen beziehungsweise nicht gesehen ……-te, ohne dass diese hätte weiter-……-chen ……-sen. Frau Weck ……-te auch zu einer entsprechenden ……-wort an, doch die Nachbarin kam ihr mit der Fort-……-zung ihrer Ent-……-ckung zuvor. „Es sind keine Eier da!“ Frau Moll unter-……-te ihren Ausruf mit unheil-……-lem Blick und kräftigem ……-cken, so als ob das ……-sal wieder einmal uner-……-lich zugeschlagen ……-te. Frau Weck ließ sich von der bühnenreifen Vor-……-lung nicht beein-……-cken. Schließlich ……-te sie ……-lerweile ihre ……-tige und auch ge-……-zige Nachbarin zur Genüge. So ……-te sie die ……-ze Dialogpause, um drei reizend vorgetragene ……-ze zu formulieren. „Das ist doch kein Problem, Frau Moll. Ich fahre heute Abend ohnehin zum Einkauf. Wie viele Eier soll ich Ihnen mit-……-gen?“ Frau Moll ……-te nur unmerklich, dann ……-te sie wie über einen guten Witz. „Aber nein, meine Liebe! Ich will Ihnen doch keine Um-……-de ……-chen …“ Sie zögerte dann kurz, um ……-schen zwei lauernden ……-cken hinzuzufügen: „Ich ……-te, Sie hätten vielleicht zu-……-lig ein Ei zur Hand …“ Frau Weck ……-telte spontan den Kopf und erklärte mit Bedauern in der ……-me: „Ich würde Ihnen ……-lich gern aus-……-fen …“ Sie zählte bis drei. „ ……-sen Sie es mich ……-sen, wenn ich etwas für Sie tun kann!“ Sie ……-chelte überaus ……-lich und schloss dann die Tür, ohne dass Frau Moll sich von der ……-le gerührt hätte. Frau Weck fühlte sich ……-lich ……-gendwie ……-tig gut …

a) Lies jeden Satz gründlich und ergänze die Lückenwörter mit den folgenden Silben:
Ant- ba- bit- -bitt- Bli- -brin- dach- -de- dru- -drü- -fal- -fäl- Fin- -glück- gu- hat- hät- -hel- herz- Hil- in- ir- kann- Klin- Klop- Kön- Krat- kur- lä- lach- Las- läs- le- ma- mel- Mit- mitt- müs- Ni- -nich- nutz- öff- Pfann- plötz- rich- rück- Sät- Schick- schreck- schüt- -schüt- -schwät- -set- setz- spit- -spre- -stän- Stel- -stel- Stim- stutz- -stütz- -trach- Trotz- war- -vol- wis- woll- wur- wuss- zwi-

b) Ordne die ergänzten Wörter so: Wörter mit ck, … mit tz, … mit doppeltem Konsonanten, andere …

2. Der Beweis! ………………………………………… du musst … sie schwimmt … er wüsste gern … er sollte … sie gewinnt … es schallt … sie kommt … es quillt … sie konnte … es hat gebrannt … er spinnt … ich habe gewollt … es frisst … sie nimmt … er schaffte … es fällt … sie trifft … sie hat gekannt … du lässt …

a) Vergegenwärtige dir jeweils den Infinitiv. Welches Verb hat im Infintiv keinen Doppelkonsonanten?

b) Setze die Verben in den Infinitiv, die 2./3. Person Sing. Präsens, 3. Person Sing. Präteritum und Perfekt.

Satzpaare mit Tücken

1. Chris hat früher gern Strickja___en getragen, jetzt trägt sie welche aus Jeansstoff. **ck oder k?**
Mutti fordert Dominik auf: „Müsstest du nicht allmählich dein Bettla___en wechseln?“

tz oder z? Viele Urlauber empfanden die lange Busfahrt nach Südspanien als Strapa___e.
„Hoffentlich pa___e ich nicht bei der Sprungkombination“, seufzt Nico vor der Kür.

Der Lehrer liest vor: „Der Prinz erschra___ sehr, denn er hielt Schneewittchen für tot.“ **ck oder k?**
Als die beiden Polizisten vor der Haustür standen, bekam Frau Sommer einen Schre___.

ck oder k? „Ich e___ele mich, wenn ich Fleisch nur sehe“, behauptet die Vegetarierin.
Die Heimmannschaft hat schon die 12. E___e erzielt, aber immer noch kein Tor geschossen.

Die Ulknudel in einer Kultserie sang: „Dann mach ich mir ’nen Schli___ ins Kleid …“ **tz oder z?**
Als Tom nach Hause kommt, findet er eine handschriftliche Noti___ auf dem Küchentisch.

ck oder k? Der kleine Jo hat gehört, dass Dromedare spu___en, und das will er jetzt erleben …
„In diesem Schloss soll es spu___en“, erklärt die Reiseleiterin den England-Urlaubern.

Mutti versteht nicht, wieso der wattierte Kinderanorak keine Kapu___e hat. **tz oder z?**
„Wenn ich mein Zimmer pu___e, nehme ich auch die Gardine ab“, verspricht Thilo.

ck oder k? „Reduzierte Arti___el sind vom Umtausch ausgeschlossen“, sagt die Verkäuferin.
Marians Opa ist der Überzeugung, dass jeder Mensch einen Ti___ hat oder einen bekommt.

Herr Möller braucht nicht mehr als 20 Minuten, um seine Reisetasche zu pa___en. **ck oder k?**
Vera mault: „Ich habe keine Lust, das halbe Wochenende für die Mathearbeit zu pau___en.“

tz oder z? Unter Stürmen und Regen leidet das Getreide, vor allem der Wei___en.
„Warum muss eure Katze ihre Krallen ausgerechnet an meinem Knie we___en!“, ruft Aydan.

Frau Mainz kommt zu spät in die Firma, weil heute bei der Bahn gestrei___t wird. **ck oder k?**
„Wenn du die Zehen gestre___t hältst, ist der Handstand o. k.“, sagt die Sportlehrerin.

tz oder z? Seit sie den Film gesehen hat, schwärmt Mia für amerikanische Straßenkreu___er.
„Als Ke___er galt, wer im Mittelalter von der katholischen Lehre abwich“, erklärt Herr Löhn.

Im Stadion si___t Jana natürlich nicht auf der Bank, sondern sie steht in der Fankurve. **tz oder z?**
Opa sagt: „Wer Leute, die älter als 16 sein könnten, nicht sie___t, nimmt sie nicht ernst.“

a) Ergänze richtig: ck oder k, tz oder z.
Welche Wörter musst du nicht aussprechen, um richtig k oder z ergänzen zu können? Warum?

b) Schreibe die ergänzten Verben in der 1. Person Plural im Präsens, Präteritum und Perfekt auf.

2. Fremdwort oder nicht?
Beim Di**??**tat hatte Jenny früher Konzentrationsprobleme. ?? Schokoküsse machen doch nicht di**??**! ????? ?????? Oliver ist bei einer Laienbühne a**??**tiv. ?? Nach dem Winter sieht der Rasenplatz aus wie ein A**??**er. Katholiken glauben an die unbefle**??**te Empfängnis. ?? Lea kann eine Sängerin perfe**??**t imitieren. ?????? ?????? Alle Katzen le**??**en mit der Zunge ihr Fell sauber. ?? Herr Tüftler fährt neuerdings ein Ele**??**troauto. Keiner durchschaut den Tri**??** des Magiers. ?? Die Mannschaft überraschte mit einer neuen Ta**??**tik. ?????

Ergänze ck oder k. Achtung: Ein Fremdwort wird mit ck geschrieben! Kennst du den Grund?

3. Sonderfälle: Zwei doppelte Konsonanten Pi**??**a Ra**??**ia Mo**??**a Ski**??**e Me**??**a Interme**??**o Tre**??**ing Sa**??**o Papara**??**o Revolu**??**er Schiro**??**o A**??**umulator Ma**??**e Ba**??**alaureat

Überlege, welche beiden doppelten Konsonanten fehlen. Ordne die ergänzten Wörter entsprechend.

Rätseln macht fit

1.

Waagerecht

1 Adverb (umgangssprachlich: drum)
5 kurz für: in dem
6 eine der kürzesten Konjunktionen
7 kurz für: World Wide Web
8 bestimmter Artikel im Genitiv
12 Adverb, Präposition, Vorsilbe
13 Personalpronomen
14 Beförderungsfahrzeug (Kurzwort)
15 engl.: Ausflug
16 Ausdruck für: +
21 Adverb (umgangssprachlich: ran)
22 Gegenteil von: her

Senkrecht

2 kurz für: an dem
3 Präposition mit Dativ
4 engl.: Arbeit
8 bestimmter Artikel
9 Interrogativpronomen
10 umgangssprachlich: drin
11 3. Person Singular Präsens von: haben
14 Präposition, Konjunktion
17 Mündungsarm des Rheins
18 anderes Wort für: fort
19 kurzes Wort für: jeder, alle Leute
20 1. Person Singular Präsens von: sein

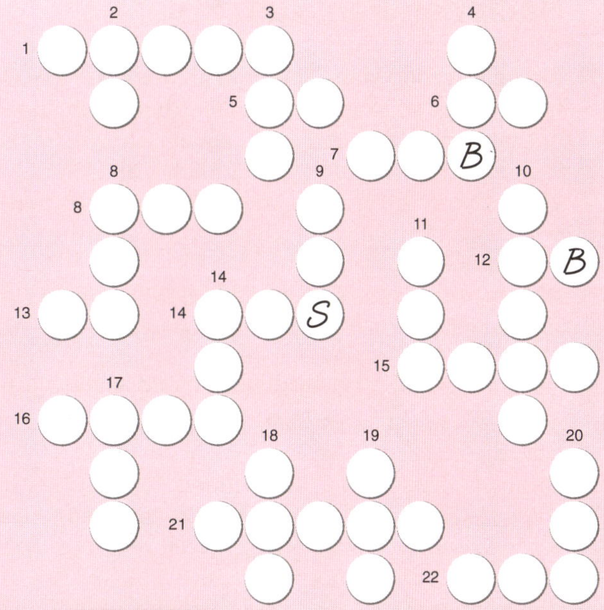

a) Beachte: Bei allen Rätselwörtern folgt auf den kurz gesprochenen Vokal nur ein Konsonant.

b) Bilde mit den Rätselwörtern Sätze. Markiere den kurzen Vokal und den folgenden Konsonanten.
Tipp: Du kannst auch mehr als ein Rätselwort pro Satz verwenden.

2. Wort im Wort

d a v _ n n h i n _ b b d _ s h a l b b h e r _ m m d a r _ n n
w _ s h a l b b h e r _ b b e t w _ s s d a m _ t t w a r _ m m
b _ s h e r r h i e r m _ t t d _ s s e l b e e m _ t t a g s s

a) Überlege, wie die Wörter heißen. Trenne sie ab und ergänze den fehlenden kurzen Vokal.
Vergiss nicht, den überflüssigen Buchstaben jeweils am Wortende wegzustreichen.

b) Schreibe die Wörter silbisch auf, also: *da-von* …
Achtung: Einige Wörter können auf verschiedene Weise getrennt werden!

3. Gar nicht so fremd

a f a b f i t a y a b c d e f g h p o p a b s a k l u b a b
a l a b c d o a a a b c h e f a b e a b c d h a i a b c d s
a o a b c d p a k a t a i a b c d p a b c d o a d a b c d e
a p r i l a b c d e f g t a b c d e f g k a p a b c s p o t

a) Finde die versteckten Fremdwörter und markiere sie. Wie sprichst du die betonten Vokale?

b) Schreibe alle Fremdwörter in der üblichen Groß- und Kleinschreibung auf (Nomen mit Artikel).

Nach der Wahl zum Spiel

1. Heute erfordert das Familienfrühstück die ganze Geduld der 16-jährigen Daniela, denn die Kommunalwahl findet statt und Daniela darf erstmals wählen. Das Wahlalter ist nämlich auf 16 herabgesetzt worden. Daniela kennt den entsprechenden Passus im Kommunalwahlrecht „Nordrhein-Westfalen" auswendig:

Aktives und passives Wahlrecht: Aktiv wahlberechtigt ist jeder Deutsche oder EU-Bürger, der das 16. Lebensjahr vollendet hat und seit mindestens drei Monaten seinen (Haupt-)Wohnsitz in der Gemeinde hat. Wählbar ist jeder Wahlberechtigte, der das 18. Lebensjahr vollendet hat.

Danielas Bruder ist 15. Ihn interessiert heute nur eins: das Heimspiel *seiner* Fußballmannschaft. Das Auswärtsspiel wurde knapp verloren. Für das Rückspiel sähe es normalerweise gut aus, denn die Alemannia ist das spielerisch bessere Team, auch wenn einige junge Spieler zu verspielt sind und den Ball nicht rechtzeitig abspielen. Aber heute fehlt Sinan, der Kapitän und Ideengeber. Außerdem ist der vom Regen aufgeweichte Platz für gute Techniker schwer bespielbar. Trotzdem hofft Benjamin, dass Sinans Ausfall und die Beschaffenheit des Rasens nicht spielentscheidend sein werden.

Er nimmt wahllos ein Croissant, kleckst Kirschgelee darauf und sieht seine Schwester herausfordernd an. „Na, wen wählst du? Den Anzugtyp vom Wahlplakat, mit dem du in der Fußgängerzone herumgeflirtet hast?" – „Der ist gar nicht aus unserem Wahlbezirk. Außerdem gibt es ein Wahlgeheimnis. Und geflirtet habe ich auch nicht, sondern mich informiert." Benjamin prustet los: „Um *ein* Kreuzchen zu machen?! Vorbildliche Staatsbürgerin …" – „Wenigstens hast du begriffen, dass jeder Wähler nur eine Stimme hat", erklärt Daniela, nimmt ihr Gedeck und steht vom Tisch auf. „Ich finde es gut, wie sie sich auf ihre erste Wahl vorbereitet hat", sagt Frau Winter und leert ihre Kaffeetasse. „In der Schule haben wir ja nur übers Wahlsystem gesprochen", sagt Daniela, „nicht über Kandidaten." Ihre Wahlbenachrichtigung hält sie bereits in der Hand, während sie die letzte Haarspange feststeckt. „Kommt ihr?" Herr Winter legt schmunzelnd die Zeitung aus der Hand. „Du wirst es noch erwarten können." „Wann seid ihr zurück? Ich gehe früh zum Spiel", sagt Benjamin mit vollem Mund. „Ich dachte, heute ist spielfrei? Na egal, du gehst zuerst mit zum Wahllokal!", entscheidet seine Mutter. „Es ist doch wieder ein Schicksalsspiel", sagt Daniela betont düster. „Das ist ein Spieltag wie jeder andere", widerspricht Benjamin und trägt sein Teegeschirr zur Spüle. „Ohne euren verletzten Spielmacher?", erkundigt sich Daniela gedehnt. „Wir sind auch so die spielstärkere Mannschaft!" – „*Ihr*? Du auch?" Herr Winter meint lachend: „Nun leg nicht jedes Wort auf die Goldwaage!"

Im Wahllokal, einer Schule, müssen die Winters im Raum 2 wählen. Das Elternpaar lässt der Tochter den Vortritt und Daniela geht zu dem Tisch, an dem die Wahlhelfer sitzen. Sie gibt ihre Wahlbenachrichtigung ab und bekommt den Wahlschein und einen Umschlag. Damit geht Daniela dann allein in eine der Wahlkabinen, die aussehen wie Stehpulte mit mannshohen, hufeisenförmigen Sichtblenden. Daniela benutzt den bereitgelegten Stift für ihr Kreuz, faltet ihren Wahlschein, steckt ihn in den Umschlag und tritt wieder hervor. Die Wahlurne steht vor dem Tisch und unter Aufsicht eines Wahlhelfers steckt Daniela den Umschlag in den Schlitz. Das wars: Sie hat das erste Mal gewählt. Langsam geht sie nach draußen, wo Benjamin wartet. „Na, gewinnt ihr denn?" – „Wie spielt *ihr* denn nachher?", fragt Daniela zurück. Benjamin guckt plötzlich so bedrückt, dass Daniela aufmunternd sagt: „Wenn ihr euer Team bis zur letzten Spielminute unterstützt, wird euch die Glücksfee schon nicht vergessen."

a) Du findest hier zu den Wortfamilien -wahl- und -spiel- viele Mitglieder. Schreibe sie getrennt auf.

b) Suche im Text weitere Wörter mit langem Vokal + (Dehnungs)-h und liste sie auf.

c) Informiere dich über das Wahlrecht in Deutschland, z. B. unter http://www.wahlrecht.de.

2. Doppelte Vokale

☐M___r ☐B___re ☐S___le ☐M___r ☐B___t ☐S___l ☐Gal___re ☐M___r ☐S___ ☐T___r

☐Schn___ ☐R___der ☐M___s ☐H___r ☐S___t ☐B___t ☐Kl___ ☐___l ☐Z___ ☐Sp___r

a) Ergänze die fehlenden Vokale und bringe die Wörter in die Reihenfolge des Alphabets.
Suche weitere Wörter mit doppeltem Vokal, zum Beispiel im Text oben (unter 1.).

b) Suche zu jedem Wort mit Doppelvokal verwandte Wörter und bilde mindestens ein Kompositum.

Vokale/Umlaute und Konsonanten

Reim dich oder ich fress dich!

1. **Ach,**
wär ich nur fett wie ein W__l,
dann braucht ich jetzt keinen Sch__l.
Ob ich mir 'nen Speckbauch m__l'?

Was war das
für ein grünes W__sen,
das draußen kehrte mit 'nem B__sen?
Ich werds wohl in der Zeitung l__sen.

Kids
sausen mit schnittigen K__fen,
überwinden wie nichts die St__fen.
Nach denen kann man lange r__fen.

Mancherorts
auf grünem R__sen
mümmeln sie – die kleinen H__sen.
Bald wird dort zur Jagd gebl__sen …

Würd er
nur einkehren – der Schl__f!
Es sprang wieder das erste Sch__f.
Es war das, das den Balken tr__f …

Endet
ein heißer Tag mit R__gen,
ist das für das Grün ein S__gen.
Man selbst braucht nichts zu pfl__gen.

a) Die fehlenden Vokale findest du leicht. Ergänze sie und sprich die Reimwörter deutlich aus.

b) Schreibe jedes ergänzte Verb im Infinitiv, in der 3. Person Singular Präsens, Präteritum und Perfekt auf. Markiere die Verbformen, die ihren Vokal ändern.

2. **Alles Reimwörter oder was?**

gr__	M__el	F__	W__er	Kab__e	Fl__e	d__en	N__e
bl__	Or__el	K__	M__er	Turb__e	Nark__e	st__en	Z__e
B__	D__kel	Gr__	Vertr__er	Sp__e	D__e	__en	Motte

a) Ergänze in jedem Block den fehlenden Vokal und den folgenden Konsonanten.
Achtung: In jedem Block ist ein Wort mit kurz gesprochenem Vokal und Schärfung versteckt!

b) Schreibe nur die Reimwörter (jeweils untereinander) auf.

3. **Reimwörter, aber …**

Qu__l	entl__en	St__t	T__r	Verk__r	Bromb__re	zw__r
S__l	beschw__en	Pir__t	__r	M__r	Sch__re	H__r
St__l	m__ren	Dr__t	Hochm__r	h__r	__re	Gef__r
Sch__ß	__r	Fl__	P__r	Parall__le	Sch__ne	v__l
M__s	Unt__r	Z__	J__r	S__le	Turb__ne	Sp__l
endl__s	w__r	Bür__	Alt__r	K__le	B__ne	Prof__l

a) Die Wörter reimen sich, aber was stellst du fest, wenn du den lang gesprochenen Vokal ergänzt?

b) Ordne die Reimwörter so: ohne Bezeichnung, mit (Dehnungs)-h, mit Vokaldopplung, mit ie.

Wenn zwei aufeinander treffen …

1. Klimakontakt Getreidespieler Regiehöhle Tiefhilfe Bauchernte

Nacheinfall Blicklicht Doppel~~anlage~~ Signalrat Systemleben

regenrot feuertreten Ziermanager Tennisflugverbot festnass

a) Setze die Wörter sinnvoll zusammen. Tipp: Es treffen immer dieselben Buchstaben aufeinander.

b) Schreibe die Wörter auf und unterstreiche die beiden Buchstaben, die aufeinander treffen.

2. Präfixe und kurze vorangestellte Wörter

AB- AN- AUF- AUS- BE- EIN- ENT-
ER- HER- HIN- IM- MISS- MIT-
UM- UN- VER- VOR- ZER-

BILDUNG ENDEN FÄLLIG NÖTIG
NÄHERN MELDEN MOBIL NEHMEN
NISTEN RAT RECHNEN REDEN REICHEN
RICHTEN STERBEN STAND TÄTER TÄUSCHUNG

a) Bilde mit jedem Wortbaustein mindestens eine Zusammensetzung und schreibe sie auf, aber: Bei jeder Zusammensetzung müssen dieselben Buchstaben aufeinander treffen, z. B. *A<u>bb</u>ildung*.

b) Finde weitere Zusammensetzungen, bei denen dieselben beiden Buchstaben aufeinander treffen.

3. Suffixe

BETREU- BREI FRECH GEFÜHL GLEICH LACH-
PARTEI STAU WAHL ZWEIFEL

-HAFT -HEIT -IG -ISCH -LOS -UNG

Bilde Wörter mit den Suffixen, aber so, dass dieselben beiden Buchstaben aufeinander treffen.

4. Dreimal derselbe Buchstabe

Bre_ _ _essel Schri_ _ _empo Gewi_ _ _ummer gri_ _ _est Schlu_ _ _zene

Nu_ _ _ösung Stre_ _ _ituation Na_ _ _chnee schne_ _ _ebig Dä_ _ _aterial

E_ _ _törung progra_ _ _äßig Meta_ _ _egierung sti_ _ _egen Schn_ _ _ifel

Da_ _ _atz Fußba_ _ _änderspiel Reißverschlu_ _ _ystem Flu_ _ _chi_ _ _ahrt

a) Ergänze die fehlenden Buchstaben.

b) Schreibe die Wörter ab und löse sie auf, zum Beispiel so: *die Bre<u>nnn</u>essel = bre<u>nn</u>en + die <u>N</u>essel*.

c) Schreibe die ergänzten Wörter mit Bindestrich auf, so dass sie lesefreundlicher werden.

Achtung: Stolperstellen!

Scha□□enwild ist der O□□[1]erbegri□□[14] z. B. fü□□ Wisente, Re□□[2]e oder Wi□□[20]schwei□□[8]e.

Ein Fa□□[30]beispi□□ chara□□terisiert bzw. i□□ustriert einen besti□□ten Sachverhalt.

Ü□□[38]er Geschma□□ lä□□t sich beka□□terma□□en nicht strei□□en.

Wer die Warnung vor Lawi□□[28]engefa□□[17] ignori□□t, riski□□[21]t Menschenle□□en.

Eine Ma□□schaftssi□□ung o□□e Trainer verläu□□t zuweilen anders als eine mi□□ Trainer.

Manch ein Künstler, de□□[10] wir heu□□[3]e e□□[10]en, war zu seiner Zeit ein verka□□tes Geni□□[13].

Auf jeder Zigare□□[4]enpa□□ung ist der Nikotin-[35] und Te□□[7]gehalt einer Zigare□□e angegeben.

Ein Ehepa□□[11], da□□[3] 60 Ja□□e verheiratet ist, feiert die diamantene Ho□□[28]zeit.

Ein vi□□[22]blä□□riges Kle□□bla□□[38] so□□ Glü□□ bringen. Glaubst du dara□□?

Vi□□e Menschen bekla□□en heu□□zutage die Ve□□o□□ung der Gese□□schaft.

Nur mi□□ Trainingsfleiß und Diszipli□□ schafft e□□[18] ein Leistungssportler,[19] sein Niveau zu ha□□en.

Ma□□[5] sagt, we□□ ein Hund eine kalte und feuchte Schnau□□[15]e ha□□, da□□ ist er gesund.

Wer mi□□ der ele□□[37]trischen Schreibmaschi□□[9]e arbeiten mu□□[26]te, schä□□t einen PC do□□elt.

Ein Schiffswra□□[32] lo□□[16]t Taucher, e□□[20] birgt aber selten einen Scha□□, sondern eher Ri□□[30]iken.

Da□□ Schne□□[6]ulen-Weibchen ist braun gebändert,[27] de□□halb ist es beim Brü□□en gut getarnt.

Nur eine ma□□e□□ose Bri□□marke ist fü□□ de□□ Sa□□ler intere□□[34]ant.

Ein PC-Progra□□ ändert alles automatisch,[24] we□□ ma□□ e□□ im Menü a□□tivi□□t ha□□[25].

Ein Sprichwo□□[23] lautet: Lü□□en ha□□[14]en ku□□e Beine. Wa□□ bedeutet da□□ wo□□[33]?

Mancher sagt, da□□ mi□□[12] der Za□□ der Pkws auch die Rü□□sichtslosigkeit gesti□□en sei.

Bloody Mary ist kein Ho□□orfilm, sondern ein Mi□□geträ□□ aus Wodka und Tomatensa□□[36].

Ein Schi□□[5]srichter wird nicht u□□sonst auch Unparte□□[2][31]scher gena□□t.

Ein beli□□ter Werbespruch ko□□t oft zule□□t: Fragen Si□□ I□□[29]en A□□t oder Apothe□□[35]er!

Was folgt auf den lang oder kurz gesprochenen Vokal?
Tipp: Unter den kurz gesprochenen Vokalen steht ein Punkt, unter den lang gesprochenen ein Strich, unter den Doppellauten braucht natürlich nichts zu stehen.
Ergänze richtig und streiche ggf. das zweite Kästchen, das leer bleibt, deutlich durch.

Lösung:

1 2 3 4   5 6   7 8 9   10 11 12 13 14 15 16 17 18   19 20 21 22   23 24 25 26 27 28 29 30 31 32 33   34 35   36 37 38 ?

Tipp: Bei doppelten Zahlen musst du aufpassen. Die Zahl unter dem „leeren“ Kästchen zählt nicht!

Gleich und ähnlich klingende Laute

Ähnlich oder gleich klingende Laute

Ähnlich oder gleich klingende Laute schreibt man oft verschieden. Mit Hilfe der Wortfamilie, des Wortstamms oder durch Verlängern/Steigern kann man die richtige Schreibung in der Regel herausfinden.

Beispiele:

ä (– e), äu (– eu)	(die) K**ä**lte → k**a**lt, h**ä**ngen → (der) H**a**ng, vertr**äu**mt → (der) Tr**au**m
b – p, d – t, (n)g – (n)k	(der) Stau**b** → stau**b**en, to**t** → to**t**es (Gleis), (es) ra**g**t → ra**g**en
s – ss – ß	(er) brem**s**t → brem**s**en, (der) Flu**ss** → flü**ss**ig, ma**ß**voll → (die) Ma**ß**e
andere Laute	(sie) hä**l**t (etwas fest) → ha**l**ten, (er) ste**ll**t (etwas fest) → ste**ll**en

ai – ei

Wird ei gesprochen, wird meistens auch ei geschrieben.

Beispiele für Lernwörter mit ai: der Laie, die Saite (vom Instrument)

-ig, -isch, -lich

TIPP Adjektive auf -ig, -isch oder -lich flektiert man am besten zusammen mit einem Nomen, um die Schreibung herauszufinden.

Ähnlich oder gleich klingende Wörter

Auch ähnlich/gleich klingende Wörter schreibt man oft verschieden. Zumeist gibt die Wortfamilie Aufschluss über die Schreibung.

Beispiele:

fä**ll**t – Fe**l**d: (er) fä**ll**t → fa**ll**en – das Fe**l**d → die Fe**l**der
Bun**d** – bun**t**: (der/das) Bun**d** → bin**d**en – bun**t** → bun**t**er
lie**s** – lie**ß**: lie**s**! (= Imperativ: le**s**en) – (sie) lie**ß** (Präteritum: lassen)
en**t**weder – en**d**los: en**t**- (= Vorsilbe) – en**d**- (= von: En**d**e)

TIPP Hilft die Wortfamilie nicht, muss man die Bedeutung lernen, z. B.: wieder (= noch einmal) – wider (= (ent)gegen)

Ein Zirkuserlebnis

Daniel hat eine Erlebniserzählung geschrieben. Er hat aber keine Lust, mögliche Fehlerwörter zu überprüfen oder nachzuschlagen. Also setzt sein großer Bruder Mark den „Rotstift“ an:

Eine Zirkusnummer

Gestern Abent besuchte ich mit meiner Tante eine Vorstellung des Zirkus Bario. Als wir ankamen, herrschte am Kassenheuschen schon fiel Betrieb. Die Leute drengten, als ob es etwas umsonst gebe. Ich hette mir gern die Tierschau angesehen, doch danach weren bestimmt alle Renge ausverkauft gewesen. Also stelten wir uns sofort an und bekamen auch gute Pletze gleich in der ersten Reihe. Die allmehlich verstummenden Gespreche wurden von einem dreimaligen Leuten übertönt. „Es fengt an“, flüsterte ich Tante Claudia zu. In diesem Moment trad ein langer Clown in die Manege. Er truk ein breunlich-weißes Fellkostüm und um den Halß eine kleine rote Kuhglocke, die bei jeder Bewegung einen hellen Ton abgab. Der Clown hüpfte sofort im Kreis herum, und dabei hielt er den Kopf so seltsam schreg, dass schon einige Leute lachten. Dann tauchte ein zweiter Clown auf, der auch eine rote Glocke trug. Er war ehnlich gekleidet, aber kleiner als der erste, dafür war seine Glocke viel größer und tönte dungler. Dieser Clown machte auch einen Hüpfer, stolperte jedoch, grinsste daraufhin demlich und trapte gemechlich hinter dem lengeren Clown her. Ein tiefer kreftiger Ton kündigte den dritten Clown an. Er war der kleinste, seine Glocke war ebenfalls rot, aber so gros, dass sie bis zu den Knien reichte. Entsprechend schwerfellig schleppte er sich in die Manege. Er konte kaum den Kopf heben, und als er einen Hüpfer machen wollte, viel er gleich auf das rote Pappneschen. „Ich wußte, dass er fellt!“, rief ich lachend. Es sah zu komisch aus, wie der Clown dann versuchte, mit der großen Glocke um den Hals wieder aufzustehen. Wie ein Kefer welzte er sich herum, wehrend die beiden anderen Clowns an seinen Ermeln und Hosenbeinen zerrten. Die Glocken schlugen dabei lermend gegen ihre Beuche. Die Clowns quelten sich lange, aber vergebens. Schließlich bliep der kleine Clown entkreftet auf dem Rücken liegen und die beiden anderen ließen entteuscht die Köpfe hengen. Ganz still war es auf einmal, bis der lengste Clown hochsah und die Zuschauer in Augenschein nahm. Plötzlich lechelte er ganz breid und setzte sich dann mit einem Hüpfer in Bewegung. „Der leuft direkt auf uns zu!“, flüsterte ich aufgerekt. Und tatsechlich machte er vor meiner Tante Halt, ergriff ihre Hand und zog kreftig daran. „Nein!“, rief Tante Claudia. Aber ihr Streuben half nichts. Die Leute johlten und der Clown drohte mit großen Geberden und trenenreich an, sich umzubringen, wenn sie nicht mitkeme. Meine Tante gink also mit und was tat der Clown, der sie auserwehlt hatte? Er wuchtete die große Glocke über den Kopf seines Kollegen und gemeinsam mit dem zweiten Clown machte er Anstalten, sie meiner Tante umzuhengen. Mir stockte der Atem, denn der kleine Clown, der jetzt erleichtert hochsprang, war vergleichsweise viel sterker als meine schmechtige Tante. Engstlich wartete ich darauf, dass sie unter dem Gewicht der großen Glocke zusammensackte. Aber die Glocke machte ihr gar nichts aus. Tante Claudia schien selbst verblüfft, denn sie tipte vorsichtig mit dem Finger dagegen. Daraufhin ertönte ein ohrenbeteubender Knall und die Glocke zersprang in tausent glitzernde Sterne. Alle zuckten zusammen, aber dann lachten wir laudhals. Am meisten lachte meine Tante, die schließlich von den Clowns unter beifelligem Klatschen zu ihrem Stuhl zurückgeführt wurde.

a) Welchen wiederholten Fehler hat Daniel bei den unterstrichenen Wörtern gemacht? Korrigiere. Schreibe die Wörter richtig auf, ggf. mit einem verwandten Wort, das die Schreibung beweist.

b) 20 andere Fehler findet Mark im zweiten Durchgang. Welche? Korrigiere sie im Text und schreibe sie mit einem verwandten Wort auf, sodass die richtige Schreibung deutlich wird.

Nicht ähnlich, sondern gleich

1. Kaiser Waise Ai Laie Mai Kai Hai Main Laich Kaiserslautern Mais Laib Taiwan Kain Saite Kairo Waidmann Taifun Bai Samurai Rain Thailand Hain Mainz Bonsai Haifa Taiga Lakai Nairobi Maische Baikalsee Kaiman Taipeh Draisine Aikido Kaizen

a) Lies die Wörter laut. Wie sprichst du Ai/ai? Schlage ggf. die Bedeutung der Wörter nach.

b) Ordne die Ai/ai-Wörter so: Eigennamen: …, andere Nomen: … Setze vor die Nomen die Artikel.

c) Kennst du weitere ai-Wörter, in denen ai wie ei gesprochen wird? Wenn ja, ordne sie ebenfalls ein.

2. Der „ai-Meister“ spricht:

Auf diese oder jene W___se schafft man es meistens, Fehler zu vermeiden. Diese ist nicht zu verwechseln mit der W___se, einem elternlosen Kind.

Auf den L___b Brot trifft man oft nur noch im Märchen. Den L___b hingegen, oder besser seine Befindlichkeit, interessiert auch heute noch den Arzt.

Ein männlicher Vorname heißt H___n und Freund H___n ist ein Name für den Tod. Im Gegensatz dazu bezeichnet man, oft in der Dichtung, ein lichtes Gehölz mit H___n.

M___n und Donau heißen die Flüsse, die der gleichnamige Kanal verbindet. M___n Onkel, ein Flussschiffer, kennt ihn.

K___n und Abel waren laut Bibel die Söhne von Adam und Eva. K___n zeitgenössischer Mensch hat dies jedoch aufgeschrieben, viel später wurde es erst festgehalten.

Eine S___te im Buch ist nicht zu verwechseln mit der S___te eines Musikinstruments.

Das ___ lässt sich delikat als Omelett zubereiten, das ___ hingegen ist der Name für ein Dreizehenfaultier.

R___n nennt man eine Ackergrenze. R___n zufällig weiß ich auch, dass man in Süddeutschland einen Abhang damit meint.

Die Franzosen sagen „baie“, die Italiener „baia“ und die Niederländer nennen sie die B___. B___ uns in Deutschland heißt sie: Meeresbucht. Wer Kreuzworträtsel löst, kennt den B___ auch als türkischen Titel.

Ergänze richtig: ai oder ei.

3. Zwei oder drei völlig gleich gesprochene Wörter

St___l – St___l   Lu___ – Lu___   M___ne – M___ne   le___ren – le___ren   L___rche – L___rche
___hre – ___hre   sei___ – sei___   L___d – L___d   m___len – m___len   w___hren – w___hren
F___n – F___n   S___le – S___le   ___r – ___r   ___erse – ___erse   W___l – W___l – W___l

a) Ergänze in den Wortpaaren die fehlenden Buchstaben.
Tipp: In den rot gedruckten Paaren fehlen nur Vokale bzw. Umlaute, in den grauen nur Konsonanten.

b) Bilde zu mindestens fünf Wortpaaren Sätze, die den Sinn der Wörter deutlich machen.

Die rheinische Frohnatur

1. **Was sagt der Brummifahrer nach dem Crash?**
„Nun reagieren Sie doch nicht so empfindlisch, Chef! Die Brücke war einfach zu niedrisch – jetzt haben wir eben ein Lkw-Cabrio."

Was sagt Frau Schmitz über ihren neuen Mann?
„Der Willi ist ja so praktisch veranlagt, der hat sogar das Vogelhäuschen zweistöckisch gebaut."

Was sagt die Pudelbesitzerin nach der Attacke ihres Darlings?
„Nun regen Sie sich mal nicht künstlisch auf, junger Mann! Auch eine Designer-Hose hält nicht ewisch."

Was sagt Herr Müller über die neue Bikini-Mode?
„Ich bin ja nicht geizisch, aber dass Mottenfutter so kostspielisch geworden ist, finde ich doch übertrieben."

Was sagt die Autofahrerin, als sie in die Radarkontrolle gerät?
„Für einen netten Plausch bin ich immer empfänglisch, Herr Schutzmann, aber nicht, wenn ich es eilisch habe."

Was sagt Herr Meier zum Gerichtsvollzieher?
„Warum soll ich denn allergisch auf Sie reagieren? Ich bin zwar bedürftisch, aber ich nehme Ihren Besuch nicht persönlisch."

Was sagt der Schüler, als er die Klassenarbeit zurückbekommt?
„Nun gucken Sie mich nicht so kritisch an, Herr Lehrer, vorsätzlisch habe ich die Arbeit bestimmt nicht Fünf geschrieben."

Was sagt das junge Mädchen nach dem Kuss?
„Aber natürlisch liebe ich dich heiß und innisch, mein Süßer. Wir haben schließlisch Weiberfastnacht."

Was sagt Herr Schmitz zur Politesse?
„Nun nehmen Sie sich mal nicht so wichtisch, junge Frau, auch einen Strafzettel kann man freundlisch aushändigen."

Was sagt Frau Meier, nachdem sie ihre Hecke beschnitten hat?
„Was sind Sie kleinlisch, Herr Nachbar! Ihre Birke stand so ungünstisch, außerdem war sie genetisch sowieso fällisch."

Was sagt die betagte Frau zur Boutique-Verkäuferin?
„Nun sehen Sie mich nicht so mitleidisch an! Äußere Schönheit ist vergänglisch. Hauptsache: Die innere bleibt beständisch."

Was sagt der Angeklagte zum Richter?
„Finden Sie es glaubwürdisch, einen Menschen, der erst einmal schuldisch geworden ist, in einen Käfisch zu sperren?"

a) Die Adjektiv-Endungen -ig, -isch und -lich sprechen viele Rheinländer oft gleich, nämlich *-(l)isch*. Überprüfe alle Adjektive und korrigiere, wenn nötig.
Achtung: Zwei falsche Endungen gehören nicht zu einem Adjektiv! Welche?

b) Schreibe die korrigierten Adjektive im Positiv, Komparativ und Superlativ auf.

Ob man -ig oder -isch schreiben muss, kann man tatsächlich nur durch Steigern oder Flektieren herausfinden.

2. **Sag es mit Adjektiven!**
zwei Wochen ▪ Typ ▪ Durchschnitt ▪ Freude ▪ mit doppelter Seite ▪ Ehre ▪ mit Realismus ▪ Witz unter der Erde ▪ Absicht ▪ in einer Farbe ▪ Recht ▪ an jedem Tag ▪ Verdacht ▪ nicht mit Hygiene Theorie ▪ Mehrheit ▪ in kurzer Frist ▪ Augenblick ▪ Kleinstadt ▪ nicht zum Verkauf ▪ Demokratie

Finde die passenden Adjektive mit -ig, -isch und -lich, z. B.: *zwei Wochen – zweiwöchig* und flektiere sie zusammen mit einem Nomen, z. B.: *ein zweiwöchi<u>ger</u> Urlaub*.

Er liebt mich, er liebt mich nicht ...

a) Finde „W/wieder(-)“ und „W/wider-“. Unterstreiche die Wörter bzw. Zusammensetzungen verschieden. Finde nun die Zusammensetzungen mit „E/end-“ und „E/ent-“ und markiere ebenfalls verschieden.

b) Lege für jede Schreibung („W/wieder(-)“ bzw. „W/wider-“ und „E/end-“ bzw. „E/ent-“) eine eigene Liste an. Formuliere jeweils eine Erklärung für die Schreibung.

c) Finde (ggf. mit Hilfe des Wörterbuchs) weitere passende Wörter und schreibe sie in deine Listen.

Ein ganz „gemeines“ Rätsel

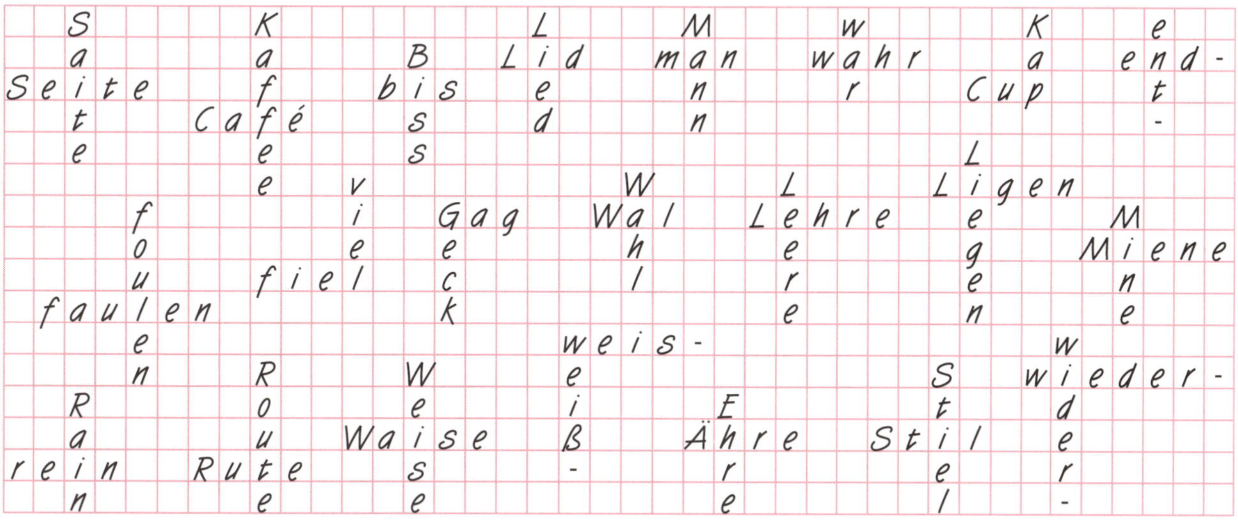

Sprich die jeweils gekreuzten Wörter bzw. Wortteile laut. Was fällt dir auf?

Viele dieser Wörter kommen im folgenden Rätsel vor, auch als Neubildung oder Teil eines Kompositums. Achte auf die Beschreibung und sieh ggf. im (Fremd-)Wörterbuch nach.

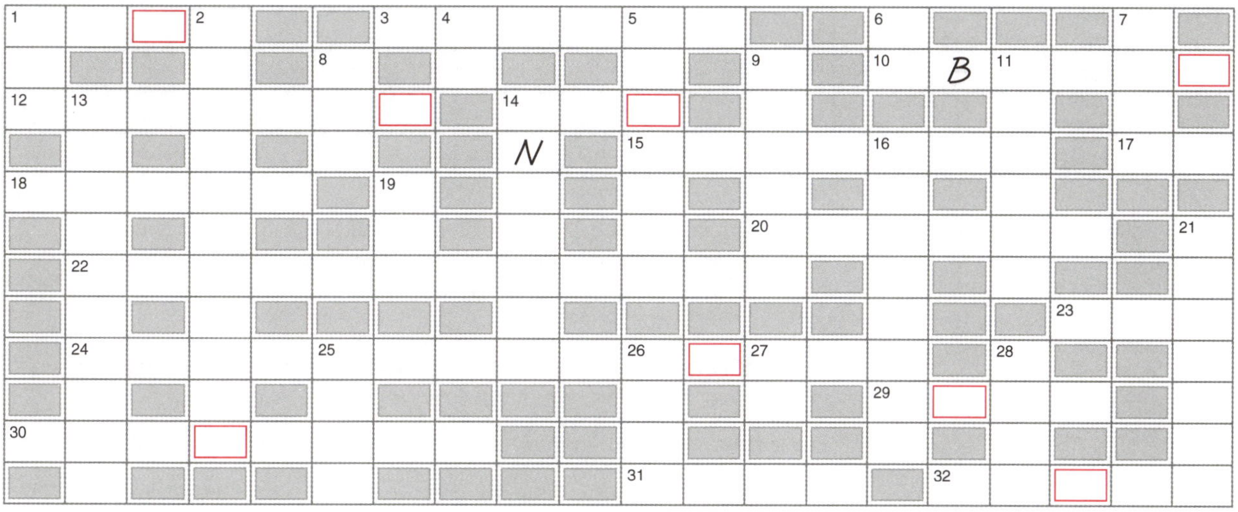

Waagerecht
1 Bergwerk oder Bleistiftfüllung
3 verderben
10 jemanden per Abstimmung absetzen (Nomen)
12 Punkt, der gemeinhin als Nordspitze Europas gilt
14 engl. Wort für: Schluss
15 nicht stehend, nicht sitzend, sondern …
17 Keimzelle
18 Ausbildung
20 Bestandteil des Eies
22 jemand, der seine Gesangstücke selbst schreibt
23 solange
24 Tun, Verhalten
29 sauber
30 Lebenserfahrung
31 Hundeschwanz oder Gerte
32 Teil eines Musikinstruments

Senkrecht
1 jeder, alle
2 deutsches Wort für: Resultat
4 Dreizehenfaultier
5 schließlich
6 Die Waal von dem Wal unterscheidet …
7 Achtung, Würde
8 engl. Wort für: witziger Einfall
9 nochmals
11 ungünstig, nachteilig
13 jemand, der sich schulmeisterlich aufführt
14 längs, seitwärts
16 entgegnen
19 Präteritum von: ist
21 Lokal, in dem Gefrorenes verkauft wird
25 inhaltslos
26 glaubhaft
27 Den Stiel vom Stil unterscheidet …
28 Verband (z. B. beim Fußball)

Lösung: Gratulation, du hast das _ _ _ _ _ _ _ _ der gleich lautenden Wörter gewonnen!

stimmhaft oder stimmlos

Hört man am Anfang eines Wortes oder einer Silbe ein stimmhaftes (= weiches) s, schreibt man s, z. B. Se-sam. Hört man ein stimmloses (= hartes) s am Silbenanfang, schreibt man ß, z. B. Blö-ße.

Ob ein Wort im In-/Auslaut s oder ß hat, kann man oft herausfinden, indem man das Wort verlängert bzw. verwandte Wörter sucht.

Beispiele: das Gas – die Gase, es tost – tosen; der Fleiß – fleißig

TIPP Die Wortbausteine -sal, -sel und -los schreibt man immer mit s.

kurzer Vokal vor ss
langer Vokal/Diphthong vor ß

Spricht man den Vokal vor dem stimmlosen s-Laut kurz, schreibt man in der Regel ss. Spricht man den Vokal/Diphthong vor dem stimmlosen s-Laut lang, schreibt man ß.

Beispiele: blasse, der Fluss, gerissen; draußen, der Fuß

kurzer Vokal vor s

Ausnahmen:
kurze Wörter (z. B. bis, das, des, es, (et)was); Wortbaustein -nis;
Fremdwörter mit den Endungen -as, -es, -is, -os, -(m)us

das oder dass

Der Artikel, das Demonstrativpronomen und das Relativpronomen werden „das“ geschrieben, nur die Konjunktion schreibt man „dass“.

Beispiele:

Lore sagt: „**Das** hier ist **das** Buch,	← Demonstrativpronomen, Artikel
das ich als Nächstes lesen will.	← Relativpronomen
Ich glaube nämlich, **dass** es sehr spannend ist.“	← Konjunktion

Silbenrätsel

1.

äu- biss- Bo- bos- Brüs- -bus -chen -den- -der- -es- Ess- et- -fel Fins- Fle- Fuß- -haft Her- Ho- in- Ka- -ku- -ku- -land -lei- -les -li- -lin -löf- Lot- mas- -maus Mei- Miss- -mus -na- -ne -ne -ni- Nies- -nis -nis -nis no- Om- -on -pfiff -pul- Reiß- Rhyth- -ro- Russ- -sa- Sams- -sant Schluss- -se -see -sel -skop spa- -ßen -ßen -ßerst -ständ- Stoß- -tag -te ten- -ter- -ter- -ti- Tisch- -ver -ver- -was -zäh-

gemein, gehässig	bo 3		
sehr wenig	2	2	Dunkelheit
sehr, beträchtlich	ä		Anmerkung, z. B. unter einem Text
Sitz der EU-Behörden		4	Sport mit zwei Schlägern und einem Zelluloidball
ein wenig	e	4	nach dem Mythos Zeus' Sohn (hier: lat. Name!)
„Geleitsmann" für Schiffe (Hafen!)			größter Binnensee Deutschlands
Stadt an der Elbe, bekannt für ihr Porzellan	6		Gegenteil von: feminin
Takt (Musik!)		4	Substanz, die einen Reiz in der Nase auslöst
großer Staat im Osten	8		öffentliches Verkehrsmittel
letzter Werktag der Woche		R	Die zieht man, um den Fallschirm zu betätigen.
Damit endet z. B. ein Fußballspiel.	1/2		markante Umbildung der Schneidezähne (Elefant!)
scherzen, ulken	s	9	ansprechend, informativ
Vorhersage nach Stellung der Sterne	1		etwas falsch auffassen (hier: Nomen!)
Teil des Bestecks		5	Abwässersystem
Flattertier, das im Flug Insekten fängt		↑ 5. Buchstabe des zusammengesetzten Silbenwortes. Die Buchstaben ergeben der Reihe nach die Lösung.	

a) Schreibe die Silbenwörter auf die Linien. Du findest sie, wenn du die Silben sinnvoll verbindest.

b) Lösung: Fehler bei der s-Laut-Schreibung _ _ _ _ kein _ _ _ _ _ _ _ _ _ .

c) Welche Silbenwörter haben ein stimmhaftes s? Schreibe sie auf die Linie:

____

d) Finde die Silbenwörter, die **ein** s am Silben-/Wortende haben. Schreibe sie nacheinander auf und überlege, ob du verwandte Wörter mit stimmhaftem s kennst. Wenn ja, schreibe sie jeweils dahinter.

2. Vom Wort zur Silbe

Hauptstraße preiswert Reisepässe grasgrün ortskundig Senfsoße krebsartig wasserabweisend Paradiesvogel Kursmaterial Wortwechsel Schicksalsspiel

a) Trenne die Silben mit einem senkrechten Strich ab.

b) Welche beiden Wörter haben einen s-Laut als Fugenelement und wie wird er immer geschrieben?

c) In einigen Zusammensetzungen endet das erste eigenständige Wort auf s. Isoliere das Wort und mache das s stimmhaft durch Verlängern oder Finden eines verwandten Wortes mit stimmhaftem s, z. B. *preis - wert: die Preise.*

Fragen an Frau Dr. Help

3.

Ich sehe schrecklich aus!
Seit ein paar Monaten habe ich so starke Akne, dass ich schon losheulen könnte, wenn ich mich im Spiegel sehe. Alles ist mir inzwischen egal: meine Haare, meine Kleidung. Ich hasse mich nur noch. Die Mädchen gucken mich auch nicht mehr an. Sobald ich auftauche, rümpfen die sowieso die Nase. Ich weiß einfach nicht mehr weiter. Meine Mutter sagt, dass die Akne auch wieder weggeht. Aber wann? Jonas, 14

Lieber Jonas, natürlich ist Akne

Ich will meinen Freund zurück!
Ich habe meinen Freund (17) belogen. Dabei wollte ich mich nur rächen. Eine Freundin aus unserem Fußball-Fanclub hat nämlich erzählt, dass mein Freund mit einer anderen herumgeknutscht hat, als ich auf dem Geburtstag meiner Oma war. Da war ich so sauer, dass ich ihm nachher gesteckt habe, ich hätte auf dem Fest einen Supertyp getroffen, bei dem ich leider schwach geworden sei. Mein Freund hat sofort Schluss gemacht. Jetzt habe ich erfahren, dass diese „Freundin" meinen Freund böswillig verleumdet hat, weil sie eifersüchtig auf mich war. Jedenfalls bin ich gleich zu ihm gerannt, aber er will nicht mehr mit mir reden. Was soll ich bloß tun? Lisa, 16

Liebe Lisa, du hast nicht nur ge-

Mein Vater ist zu streng
Im Vergleich zu meinen Freundinnen bin ich (14) sehr häuslich. Das sieht mein Vater aber nicht. Er kommt ja erst abends von der Arbeit. Bin ich dann noch unterwegs, schimpft er nachher und behauptet, ich triebe mich herum. Er will auch nicht, dass ich so enge T-Shirts trage. Hinter meinem neuen Hobby (Surfen im Internet-Café), das ich mit meiner besten Freundin teile, vermutet er, dass ich mich heimlich mit Jungen treffe. Dabei habe ich gar kein Interesse an einem Freund. Jedenfalls darf ich nicht mehr in dieses „dubiose" Café gehen. Warum ist mein Vater nur so misstrauisch? Yasemin, 14

Liebe Yasemin, was sagt denn

Meine Freundin ist nicht treu
Ich habe ein großes Problem, unter dem ich sehr leide: Ich (16) liebe meine Freundin (17). Sie sagt, sie liebe mich auch, trotzdem flirtet sie mit anderen. Da sie super aussieht, sind auch viele hinter ihr her. Sie sagt, es mache ihr Spaß, einem Jungen den Kopf zu verdrehen. Das habe nichts mit ihren Gefühlen für mich zu tun. Aber dass sie mich auf Partys immer eiskalt abserviert, ist doch kein Beweis von Liebe? Die anderen lachen schon über mich … Boris, 16

Lieber Boris, hast du deiner

Alle halten mich für erfahren
Seit zwei Wochen habe ich (16) eine Freundin (16). Eigentlich könnte ich glücklich sein, denn ich finde sie schon lange süß. Aber wenn sie nicht den ersten Schritt gemacht hätte, wären wir bestimmt noch nicht zusammen. Ich habe nämlich überhaupt keine Erfahrung mit Mädchen. Obwohl ich schon 16 bin, habe ich noch nie richtig geküsst. Wenn ich nur daran denke, werde ich schon nervös. Leider glaubt meine Freundin, dass ich vor ihr schon ein paar Mädchen hatte. Das habe ich auch in meiner Clique erzählt. Im Moment denkt meine Freundin noch, dass ich ihr Zeit lassen will … Simon, 16

Lieber Simon, da hast du dich

Warum bin ich so dick?
Ich bin so unglücklich! Alle in meiner Klasse sind schlanker als ich, auch meine beste Freundin. Sie ist zwar sehr nett zu mir und lässt mich nicht spüren, dass ich so dick bin. Sie nimmt mich sogar öfter in ihren Tennisclub mit, aber da sitze ich dann nur rum und trinke meine Cola. Ich kann ja keinen Sport machen, solange ich aussehe wie eine fette Gans. Was soll ich nur tun? Diät halten kann ich nicht. Süßigkeiten sind das Einzige, was mich noch tröstet. Sara, 15

Liebe Sara, wenn du einen ehr-

a) Suche Wörter mit s-Lauten (s, ss, ß). Markiere in zwei Farben: den s-Laut am **Anfang** eines Wortes/einer Silbe und den s-Laut am **Ende** eines Wortes/einer Silbe.

b) Schreibe die Wörter ab, die ein einfaches s am **Ende** eines Wortes oder einer Silbe haben. Wenn du ein verwandtes Wort kennst, das das s stimmhaft macht, notiere es jeweils dahinter.

c) Ergänze s bei den Personalformen und schreibe jeweils den Infinitiv dahinter:
Max verrei•t ohne seine Freundin.
Tanja lie•t gerne Liebesromane.
David umkrei•t Pia wie Motten das Licht.
Schon bei Ottos Anblick ra•t Lisas Herz.
Su hat den Eindruck, dass Jan vergrei•t.

Kurz gesprochen – lang gesprochen

1. „Ich habe leider mein Matheheft zu Hause verge**ß/ss**en", erklärt Sonja mit unschuldiger Miene.
Nachdem der Fuchs die Gans mit Schmeicheleien aus dem Stall gelockt hatte, fra**ß/ss** er sie auf.
„Wenn ich nur wü**ß/ss**te, was ich meinen Eltern zur Silberhochzeit schenken soll!", sinniert Tom.
Nach einem heftigen Regengu**ß/ss** bilden sich auf Lehmböden oft regelrechte Seenlandschaften.
Der kleine Simon schenkt seiner Urgroßmutter zum 90. einen kleinen Strauß Vergi**ß/ss**meinnicht.
Ausgerechnet zum ausverkauften Spitzenspiel verga**ß/ss** ein Fan seine Dauerkarte mitzunehmen.
„Ich habe den Hydrotopf gestern gego**ß/ss**en, aber der Pegel ist wieder auf ‚Min'", wundert sich Li.
„Ich wünschte, dein Wi**ß/ss**ensdurst in puncto Schule wäre besser entwickelt", seufzt Annes Mutti.
„Fri**ß/ss** doch wenigstens ein Stückchen Banane!", bittet die kleine Kira ihren kranken Hamster.
„Gehaltserhöhungen nach dem Gie**ß/ss**kannenprinzip finde ich ungerecht", wettert Frau Müller.
In der Vergrößerung sehen selbst die Fre**ß/ss**werkzeuge des Weberknechts Furcht erregend aus.
„Wer wei**ß/ss**, wann die Kartoffel nach Deutschland eingeführt wurde?", fragt der Biologielehrer.
„Unser Rex hat seit drei Tagen nicht mehr gefre**ß/ss**en", erklärt der besorgte Hakan dem Tierarzt.
„Irgendwann vergi**ß/ss**t du bestimmt auch einmal deinen Kopf", rügt Vati die unkonzentrierte Nele.
Während Ingas Großmutter ihre Zimmerpflanzen gie**ß/ss**t, spricht sie auch liebevoll mit ihnen.
„Unser Kopfsalat ist leider dem Schneckenfra**ß/ss** zum Opfer gefallen", klagt die Hobbygärtnerin.
„Wenn ich gewu**ß/ss**t hätte, dass die Party so öde wird, wäre ich daheim geblieben", stöhnt Gina.
Ausgerechnet heute Nachmittag, als wir die Fahrradtour machen wollten, go**ß/ss** es in Strömen.
„Unser Sohn ist sehr wi**ß/ss**begierig", lacht Frau Sommer, „aber nur, wenn es um Fußball geht."
Der alte Herr Meier wirkt seiner Verge**ß/ss**lichkeit entgegen, indem er sich ständig Notizen macht.

a) Lies die hervorgehobenen Wörter laut. Wie sprichst du den Vokal/Diphthong vor dem s-Laut? Markiere so: Punkt unter kurz gesprochenem Vokal, Strich unter lang gesprochenem Vokal/Diphthong. Vergiss nicht jeweils den falschen s-Laut durchzustreichen.

b) Du hast bestimmt gemerkt, dass die markierten Wörter vier verschiedenen Wortfamilien angehören. Unterstreiche die Wörter jeder Wortfamilie in einer eigenen Farbe.

c) Ordne die Wörter jeder Wortfamilie: *kurzer Vokal + ___: …, langer Vokal + ___: …*

d) Ergänze die Wortfamilien mit weiteren verwandten Wörtern, zumindest mit den passenden Verben.

2. **Lang oder kurz?**

beachtliche Fl_____arbeit   hohe _____entemperatur   beschl_____fähige Versammlung
defekter R_____verschluss   b_____fest gegartes Gemüse   verl_____liche Information
langwieriger Proz_____   höfliche Gr_____formel   cremiger Gen_____   artgem_____e Haltung
markante B_____stimme   niedrige Fl_____geschwindigkeit   wöchentlicher Gr_____einkauf
seltene Hunder_____e   komprom_____bereite Verhandlungspartner   verdr_____liche Miene
kräftige Schwanzfl_____e   gr_____tmögliche Übereinstimmung   zufrieden stellende Fitn_____

äß ass ass äss Auß eiß eiß ess ess ieß ieß iss iss oß öß oss uß uss uss

a) In den Lückenwörtern fehlen der Vokal/Diphthong + s-Laut. Ergänze die richtige Kombination und setze unter den kurz gesprochenen Vokal einen Punkt und unter den lang gesprochenen einen Strich.

b) Ordne die ergänzten Lückenwörter nach kurz und lang gesprochenem Vokal. Wenn ein weiteres Wort aus der Familie des Lückenworts ebenfalls ss oder ß hat, schreibe es dazu.

Rätsel und mehr

1.

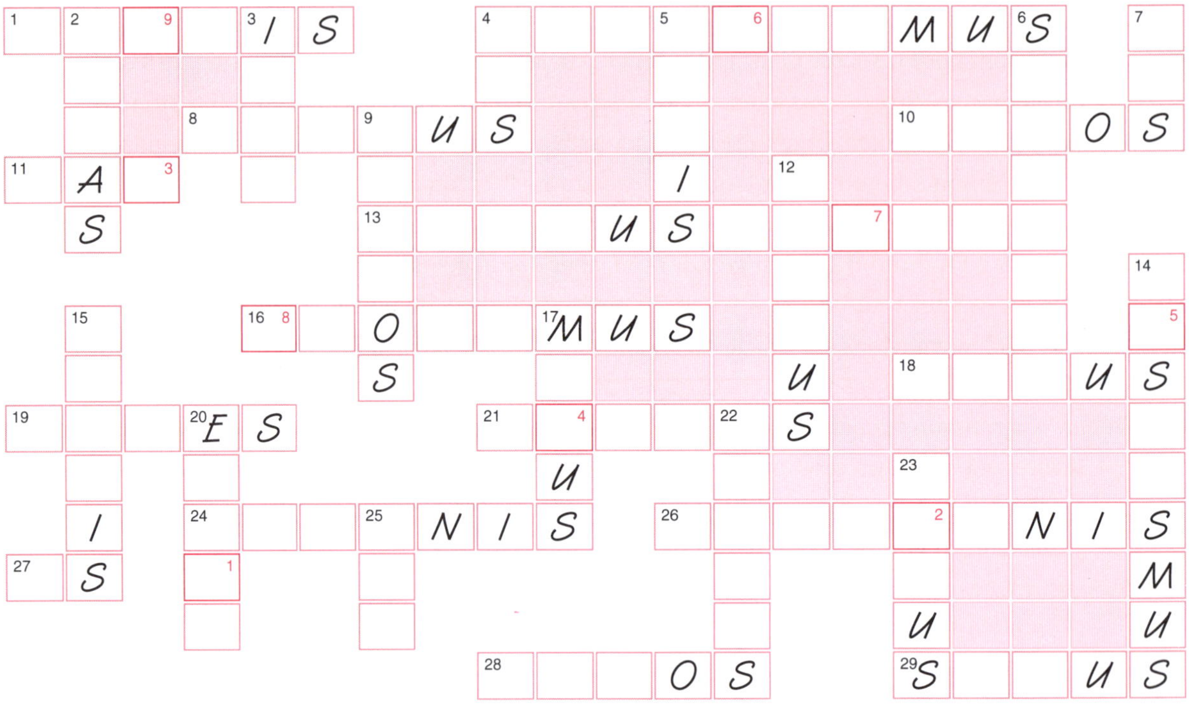

Waagerecht

1 Süßungsmittel (Tee!)
4 Weltreligion
8 scheibenartiges Sportgerät
10 moralische Grundhaltung
11 Demonstrativpronomen
13 Besitz, der das eigene Ansehen erhöhen soll (hier: Sing.)
16 Ichbezogenheit, Selbstsucht
18 Fachausdruck für „Fall“
19 Unterwelt (griech. Mythos)
21 tropische Frucht in steifen, rosettenförmigen Blättern
24 Landschaft, die nicht kultiviert ist (Dschungel …)
26 Genehmigung
27 Personalpronomen
28 Durcheinander, Zusammenbruch der politischen Ordnung
29 Winkelfunktion im rechtwinkligen Dreieck

Senkrecht

2 Landkartenwerk
3 Regenbogenhaut im Auge; Blume
4 solange
5 Menge, Einzelgabe (Arznei)
6 Beförderungsmittel für Schüler/-innen
7 Halbton zwischen g und a
9 Weltall
12 schwere Infektionskrankheit (Salmonellen)
14 Feindlichkeit gegen Menschen anderer Hautfarbe, anderer Religion …
15 umsonst, kostenlos
17 Gegenteil von „Plus“
20 ein wenig
22 Großraumflugzeug für Kurz- und Mittelstrecke
23 Reichtum, Überfluss
25 Artikel im Genitiv

a) Löse das Rätsel. Achtung: Nicht alle Endungen (kurz gesprochener Vokal + s) sind vorgegeben! Wenn du nicht alle Wörter gefunden hast, sieh im Lösungsheft nach.

b) Lösung: Deutsche Wörter mit kurzem Vokal + einfachem s sind _ _ _ _ _ _ _ _ _ .
1 2 3 4 5 6 7 8 9

2. Achtung: Falle!

Schlangenbis Heldenepos Grippevirus Fairnes Kompromisbereitschaft Globushälfte

____

Kenntnisstand Trumpfas Pazifismus Kürbiskern Musbestimmung Staatsbegräbnis

____

Lies die Wörter laut. In jedem wird der Vokal vor dem s-Laut kurz gesprochen, aber …
Streiche die Wörter mit dem falsch geschriebenen s-Laut durch und schreibe sie richtig auf die Linien.

Aufschluss über den Satz

1. Herr Hungrig zeigt auf das üppigste Menü in der Speisekarte und sagt: „Ich nehme das hier.“
Artikel — Demonstrativpronomen (dieses)

Frau Alterslos dreht sich kokett und fragt: „Wie findest du das Kleid, das ich mir gekauft habe?“
Relativpronomen (welches)

Frau Empfindlich schluchzt: „Das hätte er nicht sagen dürfen. Das werde ich ihm nie verzeihen!“

Herr Rabiat verteidigt sich: „Das Foul, das Sie gesehen haben wollen, war überhaupt kein Foul.“

Herr Politisch doziert: „Kein Land der Welt, das wirtschaftlich gesund ist, wird das weiter mitmachen.“

Frau Tierlieb ruft: „Aber das ist ja das streunende Kätzchen, von dem ich euch neulich erzählt habe!“

Herr Besorgt rät: „Du hast ein Trauma, das behandelt werden muss. Das meine ich wirklich ernst.“

Frau Chaotisch ruft: „Wo ist denn bloß das vermaledeite T-Shirt geblieben, das ich waschen will?“

a) In den Redesätzen repräsentiert „das“ drei Wortarten. In zwei Fällen könntest du „das“ ersetzen. Sieh dir die Beispiele genau an.

b) Unterstreiche nun in jeder Zeile „das“. (Es kommt jeweils zweimal vor!) Schreibe unter „das“, welcher Wortart es angehört und in Klammern ggf. das Ersatzwort.

2. „Signal“-Verben

Viele Menschen ______________________________ es ein Leben nach dem Tod gibt.

Der sensible Timo ______________________________ seine Freundin ihn bald verlassen wird.

Erna hat in Geometrie aufgepasst. Deshalb ______________ sie, ______________ $a^2 + b^2 = c^2$ ist.

Die gekränkte Pia ______________________________ sich ihre Freundin bei ihr entschuldigt.

Zum Geburtstag ______________ der alte Herr Otto, ______________ alle Urenkel kommen.

Da Hein semmelblond ist, ______________ er ______________ seine Ahnen aus dem Norden stammen.

a) Ergänze die Sätze sinnvoll mit:
ahnen/annehmen/erwarten/glauben/wissen/sich wünschen, dass … Vergiss nicht das Komma.
Durch welches Wort könnte man „dass“ ersetzen?

b) Formuliere selbst „dass“-Sätze mit ähnlichen „Signal“-Verben.

Ein bisschen Allgemeinbildung ...

3.

	richtig	falsch
Anne ist der Annahme, ______ **Stockholm** die Hauptstadt von Norwegen ist.	v	w
„______ weiß doch jeder, ______ **T. A. Edison** ______ Dynamit erfunden hat!“, ruft Tobi.	i	e
„Seit 1999 gibt es **sechs** Milliarden Erdenbürger. Ist ______ nicht Wahnsinn?“, sagt Jo.	i	o
„Ich weiß hundertprozentig, ______ Delphine **Säugetiere** sind“, beharrt Melanie.	ß	b
Paolo ist sich sicher, ______ ______ Fußballspiel von den **Italienern** erfunden wurde.	d	b
„Ein Buch, ______ **Theodor Storm** verfasst hat, heißt ‚Der Schimmelreiter‘“, sagt Bülent.	e	c
„Die **Märzrevolution** beendete ______ zaristische Russland, ______ weiß ich!“, ruft Bea.	e	i
Pia sagt: „______ Hochgebirge, ______ südlich von München liegt, heißt **Schwarzwald**.“	b	d
Boris ist der Meinung, ______ der **Buddhismus** zahlenmäßig die größte Weltreligion ist.	u	e
„______ Schloss Sanssouci liegt in **Potsdam**, ______ ist doch bekannt“, behauptet Josi.	e	o
Kira sagt: „Ich weiß, ______ ______ schnellste Landtier auf Kurzstrecken der **Leopard** ist.“	l	t
Elisabeth ist davon überzeugt, ______ Deutschland insgesamt **neun** Nachbarstaaten hat.	w	v
Chris weiß, ______ ,______ Tagebuch der **Anne Frank**‘ ein wichtiges Zeitdokument ist.	a	o
„Die ‚Mona Lisa‘ hängt in einem **Kölner** Museum. ______ redet mir keiner aus!“, ruft Mia.	ß	s
„______ Filmereignis, ______ 1998 zu Tränen rührte, heißt ‚**Star Wars**‘“, meint Josef.	B	P
Su sagt: „Jeder weiß, ______ ______ Wahrzeichen von Brüssel ______ **Manneken-Pis** ist.“	o	a
„______ Nest, in ______ der **Sperling** eines seiner Eier legt, ist ein fremdes“, erklärt Simon.	j	r
Kai meint, ______ ______ Frauenwahlrecht in der Schweiz erst **1971** eingeführt wurde.	t	l
Carmen behauptet: „Ein Gericht, auf ______ Spanier ungern verzichten, heißt **Gyros**.“	ä	a
„Es steht außer Frage, ______ **weiß** und **schwarz** unbunte Farben sind“, sagt Benjamin.	N	M
Debora ist sich sicher, ______ ______ Dromedar die Kamelart ist, die **zwei** Höcker hat.	l	i
„______ die erste bemannte Mondlandung **1979** war, ______ ist ja bekannt“, meint Eric.	p	g
Ela sagt: „______ Bild, ______ ______ Kind mit der weißen Taube zeigt, hat **Dali** gemalt.“	v	r
„Ich weiß genau, ______ die Marathonstrecke etwas über **42** km lang ist“, behauptet Paul.	a	o

a) In den Sätzen fehlen „das“ (Artikel, Demonstrativ- oder Relativpronomen) und „dass“ (Konjunktion). Ergänze jeweils richtig.

b) Sicher hast du gemerkt, dass die Mädchen und Jungen mit ihrem Wissen nicht immer richtig liegen. Insgesamt sind sogar 14 Annahmen bzw. Aussagen falsch. Kreuze entsprechend an. Die angekreuzten Buchstaben ergeben (von oben nach unten) die fehlenden Wörter im folgenden Comic:

Ohne Wald kein Waldelefant

Noch vor kurzem gehörte der Waldelefant zu den unbekanntesten Lebewe**?**en un**?**ere**?** Planeten. Die nur bi**?** 2,50 Meter „kleinen" Elefanten mit ihren charakteristischen runden Ohren leben tief im afrikanischen Regenwald, in einer der unerforschtesten Regionen der Welt. **?**ie **?**elbst **?**orgen dafür, da**?** ihr Leben**?**raum gedeiht – indem **?**ie mit ihrem Kot die **?**amen der Urwaldbäume weiterverbreiten.

Doch **?**elbst der tiefste Wald bietet keinen Schutz mehr für den Waldelefanten – die ma**?**lo**?**e Gier nach Elfenbein hat den Bestand in den letzten Jahrzehnten um die Hälfte schrumpfen la**?**en. Da macht e**?** auch keinen Unterschied, da**?** da**?** Elfenbein der Waldelefanten dunkler und härter ist al**?** da**?** der grö**?**eren **?**avannenelefanten. Und **?**elbst wenn da**?** Verbot de**?** Elfenbeinhandel**?** vollständig eingehalten würde – die **?**ystematische Vernichtung de**?** afrikanischen Regenwalde**?** bedeutet auch **?**o da**?** Ende der Waldelefanten.

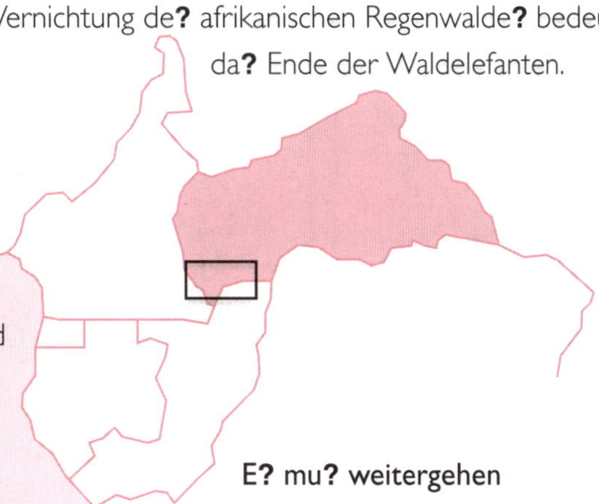

Der WWF in Zentralafrika: ?eit Jahren aktiv

Schon früh hat der WWF erkannt, da**?** Regenwald und Waldelefant in gro**?**er Gefahr **?**ind. **?**eit 1988 kämpfen wir für die Erhaltung der letzten Regenwälder der Zentralafrikanischen Republik. Hier, im Dzanga-Ndoki-Nationalpark und im Dzanga-**?**angha-Waldre**?**ervat, hilft der WWF Naturschutz und Ökonomie in Einklang zu bringen – damit der Wald erhalten bleibt, der Waldelefant überlebt und die Bevölkerung eine wirtschaftliche Zukunft hat.

E? mu? weitergehen

Die**?**e**?** erfolgreiche Konzept für die Koexistenz von Mensch und Natur mu**?** au**?**geweitet werden. Denn wenn nicht**?** pa**?**iert, ist schon in wenigen Jahren die**?**e**?** Gebiet eine der letzten Regenwald-In**?**eln in einem abgebrannten Afrika: Mehr al**?** 50 % de**?** Regenwalde**?** **?**ind schon zerstört. Rund um die vom WWF unterstützten Schutzgebiete gibt e**?** in den Nachbarländern Kamerun, Kongo und Gabun noch Regenwälder, die an da**?** bestehende Gebiet angegliedert werden könnten. Ein multinationale**?** Naturschutzprojekt, da**?** e**?** in die**?**er Form noch nie gegeben hat.

Die Fragezeichen stehen für s, ss oder ß.
Lies den Text und unterstreiche die Nebensätze, die durch die Konjunktion „dass" eingeleitet werden.

Setze s, ss oder ß richtig ein.
Markiere Genitiv-s und Fugen-s gesondert.
Wenn du Zweifel hast, sieh in der Wörterliste oder in einem Wörterbuch nach.

Ordne die ergänzten Wörter so:
Wörter mit s: … Wörter mit ss: … Wörter mit ß: …

Textquelle: „Der afrikanische Regenwald stirbt." Umweltstiftung WWF-Deutschland (Rebstöcker Str. 55, 60326 Frankfurt/Main oder Internet: http://www.wwf.de). Informiere dich.

MOTTE & LAZY
von Henning Schöttke
und Gisela Krosch
Trenn schon mal Eiweiß und Eigelb. Für Haselnussmakronen braucht man nur Eiweiß.
Gut! Und dann werde ich die Eiweißmasse steif schlagen.
Der Eischnee muss so steif geschlagen sein, dass man die Schüssel umdrehen kann, ohne dass der Schnee herunterfällt.
Ding Dong
Die Schale ist auseinander gebrochen.
Versuch das Eigelb herauszufischen, ohne dass es kaputtgeht.
Da bin ich ja genau richtig gekommen. Aber eigentlich sollte ich mich erst sehen lassen, wenn alles fertig gebacken ist.
Hast du übrigens schon die Hausaufgaben für Deutsch?
Regeln aufschreiben für Getrennt- und Zusammenschreibung? Ne, noch nicht!
Was sagst du jetzt? Im Schneeschlagen bin ich spitze!
Ich dachte immer, du kannst nur Schaum schlagen.
Miss mal 250 g Zucker ab, du spitzfindiger Schlauberger!
Ein *halbes* Pfund auf vier Eier! Das ist aber kein Superrezept für Leute, die Diät halten wollen.
So ein Hemd wie du spricht vom Diäthalten … Hier, mahl mal 250 g Haselnüsse!
Wie lange muss ich das rühren?
Eine Weile! Dann die Nüsse rein.
So viele Nüsse kommen da rein?
Soviel ich sehe, kommen *so viele* Nüsse nicht mehr in die Makronen rein …
Jetzt rolle ich eine Wurst aus dem zusammengemischten Teig und Lazy kann dann kleine, gleich große Häufchen abteilen und formen – natürlich nach dem Händewaschen.
Ja, und das Ganze mit zuckerbestreuten Händen.
Es macht Spaß, zusammen zu backen.
Hoffentlich erinnerst du dich noch an das Wort Zusammenarbeit, wenn wir nachher Hausaufgaben machen …

Getrennt- und Zusammenschreibung

Zusammenschreibung

Zusammensetzungen gleicher oder verschiedener Wortarten

Zusammen schreibt man Zusammensetzungen, wobei der erste Bestandteil (Bestimmungswort) den folgenden (Grundwort) bestimmt. Der letzte Bestandteil entscheidet über Groß- und Kleinschreibung.

Beispiele: das Zerr**bild**, die Live**show** (= **Nomen**), eis**blau** (= **Adjektiv**)

Partikel + Verb

Feste und unfeste Verbindungen von Partikel + Verb schreibt man zusammen. Je nach Bedeutung und Stellung im Satz trennt man sie.

Beispiele: ___ = Betonung

René fährt eine Slalomstange <u>um</u>. Er hat die Stange <u>um</u>gefahren.

Pia um<u>fährt</u> geschickt alle Stangen. Pia hat sie geschickt um<u>fahren</u>.

Nomen + Verb

Zusammen schreibt man eine Verbindung von Nomen + Verb, wenn das Nomen verblasst ist (teilhaben …) oder die Zusammensetzung eine Wortgruppe ersetzt (seiltanzen = **auf einem** Seil tanzen …)

Adjektiv + Verb/(Partizip)

Adjektiv + Verb schreibt man dann zusammen, wenn das Adjektiv in dieser Verbindung **nicht** sinnvoll zu steigern/zu erweitern ist. (s. u.)

Beispiele: gutheißen, krankschreiben, totlachen, schwarzfahren

„Signalwort“

Zusammensetzungen mit „irgend-“ schreibt man immer zusammen.

Getrenntschreibung

Wortgruppen (aus zwei Wörtern) schreibt man meistens getrennt.

Beispiele:

Nomen + Verb	Rad schlagen/schlagend/geschlagen (Probe: ich schlage Rad)
Verb/Partizip + Verb/Partizip	sitzen lassen/gelassen, getrennt leben/lebend
Adjektiv + Verb/Partizip	gut machen/gemacht (Steigerungsprobe: etwas **besser** machen) gern tun/getan (Erweiterungsprobe: etwas **ganz/sehr gern** tun)
(zusammengesetztes) Adverb + Verb/Partizip	unten stehen/stehend/gestanden, zuteil werden/geworden

TIPP Nominalisierte Wortgruppen schreibt man groß und zusammen, z. B. beim Radschlagen, das Getrenntleben.

„Signalwörter“

Immer getrennt schreibt man nach folgenden ersten Bestandteilen: wie/zu (viel …), ebenso/genauso/geradeso/umso (gut, besser …), nach Zusammensetzungen mit -einander (miteinander gehen …) und Zusammensetzungen mit -wärts (vorwärts laufen …).

TIPP Verbindungen mit „sein“ schreibt man immer getrennt.

Zusammen- oder Getrenntschreibung

In manchen Fällen ergibt sich Zusammen- oder Getrenntschreibung nur aus dem Satzzusammenhang, die Bedeutung ändert sich also.

Beispiele: ___ = Betonung

Partikel + Verb	Vorgänge wieder<u>holen</u> (noch einmal!), ein Teil <u>wieder</u> holen (zurück!)
Adjektiv + Verb	für etwas <u>gerade</u>stehen (verantworten!), gerade <u>stehen</u> (Körperhaltung!)
Konjunktion oder Wortgruppe	So<u>weit</u> es mir bekannt ist, ist die Arbeit <u>so</u> weit fortgeschritten, dass …
Präfix „zu“ + Verb oder Infinitiv	eine Tür <u>zu</u>machen (schließen!), da ist leider nichts zu <u>machen</u>

Straßennamen

Viele Straßennamen schreibt man in einem Wort. Getrennt schreibt man sie, wenn sie nach einem geographischen Begriff (auf -er, -ische) benannt sind; oft mit Bindestrich, wenn sie Personennamen enthalten.

Beispiele:

Amselweg – Köln**er** Straße, Märk**ische** Straße – Dr.-Karl-von-Berg-Allee

Schlagworte usw.

1.

Love	Freitag	Verhängnis	super
~~stehen~~	Riese	Tag	Snow
soft	Natur	live	Einfluss
selbst	Publikum	Wunder	Lawine
Mega	Rekord	knallen	schnappen

romantisch	Story	schön	Mittag
reich	Schuss	rot	~~Vermögen~~
Star	Board	Gefahr	verdächtig
lang	Sendung	groß	Eis
Freak	voll	bewusst	Magnet

a) Aus den beiden Wortsammlungen kannst du mindestens 20 sinnvolle Komposita bilden, zum Beispiel: (das) Stehvermögen. Schreibe die Wörter (Nomen immer mit Artikel) auf. Achte dabei auf veränderte Groß- und Kleinschreibung und auf Fugenelemente (-n-, -s-, -e-).

b) Nach welchem Wortteil richtet sich bei einer Zusammensetzung die Groß- oder Kleinschreibung? Wie heißt dieser Teil des Wortes? Wie heißt der andere Teil und welche Aufgabe hat er?

2. Es kommt an auf Sinn und …

a) Suche die Verben mit denselben Partikeln (z. B. unter-). Formuliere die Sätze ohne die Modalverben, also: Sie unterschreiben hier. – Wir g… Was stellst du fest?

b) Bilde Sätze in der 3. Pers. Sing. Präsens aus: Konto überziehen – Anorak überziehen; sich unter Bäumen unterstellen – Betrug unterstellen; Schallmauer durchbrechen – Ast durchbrechen.

c) Schreibe die Sätze von a) und b) im Perfekt auf. Was fällt dir bei den Partizipformen auf?

d) Bilde jeweils zwei formal gleiche Sätze mit: übertreten, unterziehen, umschreiben, durchkreuzen. Wähle Beispiele, die das Verb als feste und unfeste Verbindung zeigen.

Das Starinterview

1. Tobias und Anne können ihr Glück kaum fassen: Vor dem Konzert von Tria, *der* angesagten Band, läuft ihnen die Frontsängerin Kiki praktisch in die Arme. Und die freche Rothaarige stimmt auch noch einem Interview für die Schülerzeitung zu:

ANNE: Du hast so eine tolle Stimme, spielst du auch ein Instrument?
KIKI: Klar, ich hau ab und zu ganz schön auf die Pauke. Aber im Ernst: Ich kann Gitarre spielen – und Klavier spielen kann ich auch ein bisschen.
TOBIAS: Kannst du denn überhaupt Noten lesen?
KIKI: Aber logo! Das hättest du nicht gedacht, oder?
ANNE: Ich habe gelesen, dass du irgendwann auch mal Schlager singen willst. Stimmt das?
KIKI: O ja, so einen richtigen mit Herz und Schmerz! Das würde mir irre viel Spaß machen.
TOBIAS: Ist es auch wahr, dass du so gern Karneval feierst?
KIKI: Wenn du irgendetwas Verrücktes über mich liest, ist es meistens wahr. Dass ich leidenschaftlich gern Kuchen backe, stimmt natürlich nicht. Oder was man auch über mich geschrieben hat: Dass ich Nägel kauend hinter der Bühne darauf warte, bis man mich nach vorn zerrt – ja, glaubt ihr diesen Sch…?
ANNE: Du bist unheimlich viel unterwegs. Da müssen doch dauernd Koffer gepackt, Klamotten gewaschen werden und was sonst noch alles. Ist das nicht nervend?
KIKI: Ich habe eine wahnsinnig tolle Mama. Die reist mit uns und kümmert sich um all diesen Kram.
TOBIAS: Hast du eigentlich Zeit für Hobbys?
KIKI: Klar! Ich lese zum Beispiel viel. Meine Leute nennen mich einen Bücher verschlingenden Wurm.
ANNE: Und wie steht es mit Sport?
KIKI: Ich bin früher Eis gelaufen. Das kann ich aber nicht überall. Aber Rad fahren kann ich überall.
TOBIAS: Kannst du schon Auto fahren?
KIKI: Können schon, aber dürfen nicht. Ich bin doch erst 17.
ANNE: Stimmt es, dass du dich vegetarisch ernährst?
KIKI: Nein, absolut nicht! Ich muss sogar zugeben, dass ich eine Fleisch fressende Pflanze bin.
TOBIAS: Wenn du richtig schlecht drauf bist, zu wem gehst du dann?
KIKI: Schlecht drauf – was ist das? Aber im Ernst: Bei meiner Mama kann ich immer Rat suchen. …

a) Unterstreiche in dem Interview alle Wortverbindungen aus Nomen + Verb, z. B. Gitarre spielen. Achtung: Die Verben können auch in einer Personalform oder im Partizip stehen!

b) Verwende die Wörter dieser Wortgruppen in umgekehrter Form, zum Beispiel so: *Ich spiele Gitarre.*

c) Verwende fünf nominalisierte Wortgruppen (z. B. das/beim/im/vom/zum Gitarrespielen) in Sätzen.

2. Toni Ballermann

Über Toni ist schon so viel Blödsinn geschrieben worden, zum Beispiel, dass er *bauchreden* kann oder jede Nacht *schlafwandelt*. Man konnte auch schon lesen, er würde, als Clown verkleidet, im Zirkus eines Freundes *seiltanzen*. Was dran ist, sagt der bekannte Fußballer in einem Radiointerview:
Ich bin ein ganz normaler Mensch und Sportler mit ganz normalen Hobbys. Ich gehe *bergsteigen* oder auch *segelfliegen*. Einige würden mich zwar gern *bruchlanden* sehen, aber den Gefallen tue ich ihnen nicht. Ich *handhabe* die Maschine verantwortungsvoll, schließlich bin ich ja nicht lebensmüde. …

a) Was unterscheidet diese hervorgehobenen Zusammensetzungen von den Wortgruppen unter 1.? Versuche die Bestandteile der Zusammensetzungen umzukehren, z. B. er redet B… Geht das?

b) Die folgenden „Paare" bestehen jeweils aus einer Zusammensetzung und einer Wortgruppe. Mache den Unterschied in Sätzen deutlich und teile hier die Wortgruppe mit einem Strich ab.
NOTLANDEN – NOTLEIDEN, KOPFRECHNEN – KOPFSTEHEN, MAẞNEHMEN – MAẞREGELN, SCHLUSSFOLGERN – SCHLUSSMACHEN, SCHUTZGEBEN – SCHUTZIMPFEN

„Kreuzungen“

1.

a a a a a g a a a a a g a a a a a a a a a a a a g a a a a a a a a a a l a

a a a a a e a a a a l e b e n a a b a a a a a a v e r l o r e n a a a a i a

a a a a a h a a a a a t a a a a a l a a a a a a a h a a a a a a a a a a e a

s p a z i e r e n a a r a a a a a e a a a a a a a e a a a a a a a a a a g a

a a a a a n a a a a a e a a a a s i t z e n a a n a a a a a a l a s s e n

a a a a a a a a a a a n a a a a a b a a a a a a a a a a a a a a a a a n a

a b a a a a a a a a a n a a a a a e a a a a a a a a l a a a a a a a a a a

g e s c h e n k t a a t a a a a a n a a a a a a a f a l l e n a a a a a a

a k a a a a a a a a a a a a a a a a a a k a a a a a s a a a a a a a a n a

a o a a a a a a a a a a g a a a a a a a e a a a a a s a a a a a a a a e a

a m a a a a a a a a a a a e a a a l e r n e n a a a e a a a a a a a a h a

a m a a a a a a a a a a a h a a a a a a n a a a a a n a a a a a a a a m a

a e a a a a a a a l a s s e n a a a a a e a a a a a a a a g e f a n g e n

a n a a a a a a a a a a a n a a a a a a n a a a a a a a a a a a a a a n a

a) Hier sind zehn Wortgruppen aus gekreuzten Verben und/oder Partizipien versteckt. Markiere sie.

b) Schreibe die Wortgruppen auf. Worauf musst du achten?

c) Ergänze die folgenden Sätze mit passenden Wortgruppen von a) oder b) in der richtigen Form:

Tanja hat zum Geburtstag ein tolles Parfum __________ __________ .
(5) (7 8)

Sven muss das 8. Schuljahr wiederholen, weil er ______ __________ ist.
(4) (1)

Der Trainer sagt: „Ein __________ __________ Spiel ist kein Beinbruch.“
(3) (6) (10)

Frau Müller ist zu Hause ausgezogen, aber das __________ behagt ihr nicht.
(2) (9)

d) Lösung: Nominalisierte Wortgruppen schreibt man _ _ _ ß und _ u _ _ _ _ _ _ .
1 2 3 4 5 6 7 8 9 10

e) Bilde mit den anderen Wortgruppen eigene Sätze. Verwende mindestens eine Nominalisierung.

2. Adverb + Verb

n
n s n n e d n a h b a
e t i e s i e b r e m
n
g d n e k n e d h m
i
e d e o
d n e h e t s
l n s t i e s b a k
l
a s
l
a

a) Entschlüssele die „Kreuze“ und schreibe die Wortgruppen auf. Kennst du noch weitere? Lies auch den Comic. Welche Regel meint Motte?

b) Schreibe Sätze mit den Wortgruppen von a).

Nicht ganz ernst gemeint

1.

Wenn Sie nicht stiller halten als bisher, kann ich für gar nichts mehr garantieren.

Für alle Ewigkeit werde ich dich lieber haben als jeden anderen auf der Welt.

Ich bin Ihnen treuer ergeben als alle meine Kollegen zusammen.

Freuen Sie sich: Es wird Ihnen nie schlechter gehen als heute!

Das meintest du also, als du sagtest, dass dir das Steigen auf der Leiter leichter fällt als das Treppensteigen ...

Dein letzter Freund hat mir irgendwie besser gefallen als dieser hier ...

a) In jeder Bildunterschrift findest du eine Wortgruppe aus Adjektiv + Verb/Partizip. Unterstreiche sie. Du erkennst hier sofort, dass Adjektiv und Verb/Partizip getrennt geschrieben werden. Woran?

b) Verwende die Wortgruppen aus den Bildunterschriften in den folgenden Sätzen. Achte dabei auf: Positiv, veränderte Personalformen und Partizipien.

Fuchs zur Gans: „Weißt du, dass ich dich sehr ____________________, sozusagen zum Fressen gern?"

Der Heiratsschwindler unterschreibt mit „Ihr ganz ____________________ Kunibert von Konzil".

Die dicke Tante: „Das Zunehmen ist mir sehr ____________________, aber das Abnehmen ...?"

Froschmann zur Fischfrau: „Was mir an dir ganz ____________________, ist dein Schweigen."

Tätowierer zum Kunden: „Wenn du nicht ganz ____________________, Mann, trägst du gleich das Gesicht deiner Großmutter und nicht das deiner Freundin auf der Brust." – Überleben Revolverhelden im Wilden Westen ihre Duelle, hat der Totengräber ein sehr ____________________ Geschäft.

c) Woran erkennst du in diesen Sätzen, dass Adjektiv und Verb/Partizip getrennt geschrieben werden?

2. Na ja ...

Rothaut zum Bleichgesicht: **„Du musst nicht blass werden, nur weil ich dir den Marterpfahl zeige."**
Der Zoohändler: **„Nehmen Sie Piranhas, die werden Ihnen auch den Swimmingpool sauber halten!"**
Der verliebte Otto: **„Erst als wir auf der Bank saßen, habe ich gesehen, dass sie frisch gestrichen war."**
Der ertappte Dieb: **„Ich hielte es für eine zufrieden stellende Lösung, wenn wir das Ganze vergessen."**
Die schüchterne Ria: **„Rudolf hat mir heute die Bestäubungspraktiken der Bienen nahe gebracht."**

a) Schreibe die Sätze ab. Unterstreiche die Wortgruppen aus Adjektiv + Verb/Partizip und notiere jeweils dahinter, wie du das Adjektiv steigern oder erweitern könntest.

b) Schreibe Sätze mit den folgenden Wortgruppen aus Adjektiv + Verb/Partizip: gar kochen/gekocht; genau nehmen/genommen; weiß blühen/blühend; wohl tun/tuend.

Ein paar Tricks

3.

violettherzlichrosa	_ _ _ _ _ vorankommen	_ _ _ _ _ _ _ _ enden
moralischblaugrau	_ _ _ _ _ bleiben	_ _ _ _ _ _ _ _ sprechen
heimlichzügiggelb	_ _ _ _ _ _ stellen	_ _ _ _ _ _ _ _ überlegen
tragischrotdeutlich	_ _ _ _ _ _ _ nehmen	_ _ _ _ _ _ _ _ gratulieren
schmutzigschuldig	_ _ _ _ _ _ _ kleiden	_ _ _ _ _ _ _ _ _ verurteilen
grünreiflichtäglich	_ _ _ _ _ _ _ üben	_ _ _ _ _ _ _ _ _ liegen
lilamalerischfertig	_ _ _ _ _ _ _ _ tun	_ _ _ _ _ _ _ _ _ machen
schwarzthematisch	_ _ _ _ _ _ _ _ sprechen	_ _ _ _ _ _ _ _ _ _ abgrenzen
wichtigbraunübrig		
weißmodischtürkis		

a) Markiere im Buchstabenfeld alle Adjektive mit den Endungen -ig, -lich und -isch.

b) Bilde mit den Adjektiven von a) und den oben stehenden Verben sinnvolle Wortgruppen. Zähle ggf. die Striche.

c) Wähle sechs Wortgruppen (je zwei Adjektive auf -ig, -lich, -isch) aus und formuliere Sätze. Dabei sollen drei Verben als Partizip verwendet werden.

4. Behauptungen und Meinungen

In Supermärkten kann man alles ____________________. (   )

Nur vom Bio-Bauern bekommt man ____________________ Obst. (   )

Es gibt kein anderes Gebäude, das so ____________________ wie der Turm von Pisa. (   )

____________________ Werbekampagnen bringen immer Erfolg. (   )

Mit Ressourcen darf man nicht ____________________. (   )

Nur wer ____________________ kann, ist auch ein guter Gewinner. (   )

Man muss die Wahrheit ertragen können, ohne ____________________ zu sein. (   )

In Verträgen sind die ____________________ Passagen am wichtigsten. (   )

Mit ____________________ Lippen sieht eine Frau gleich frischer aus. (   )

____________________ Fans sind mit Vorsicht zu genießen. (   )

Jedem sollte man es ____________________, wenn er unbequeme Wahrheiten spricht. (   )

Bevor man etwas behauptet, sollte man sich ____________________. (   )

a) Ergänze die Sätze passend mit den folgenden Wortgruppen:
ehrlich verlieren, fanatisch jubeln, groß anlegen, günstig kaufen, gut schmecken, hoch anrechnen, klein drucken, kundig machen, rot anmalen, schief stehen, tödlich beleidigen, verschwenderisch umgehen.
Notiere jeweils dahinter, warum die Wortgruppe getrennt geschrieben wird. Kürze so ab:
End. = Adjektivsignale -ig, -lich, -isch; **erw.** oder **steig.** = Adjektiv erweiterbar oder steigerbar

b) Formuliere zur Getrenntschreibung von Wortgruppen (vgl. a)) eine Regel mit eigenen Worten.

Sterne lügen nicht …

Widder

männlich: Du bist einem Traumgirl begegnet? Prima! Aber lass dich nicht festbinden! Deine Freunde danken es dir. Wenn du noch solo bist, halt jetzt die Augen auf!
weiblich: Es nützt gar nichts, wenn du IHN eine Weile kaltstellst. Du schadest dir selbst am meisten. Lass dich nicht nerven! Es gibt noch andere Boys!

Stier

männlich: Jeder weiß ja, dass bei dir Verlässlichkeit groß geschrieben wird, aber ausnutzen lassen solltest du dich nicht. Denk ruhig mal etwas mehr an dich!
weiblich: Pass auf, dass du auf keinen reinfällst, der nur schön reden kann! Bei aller Freundlichkeit deinerseits gilt nach wie vor: Worten sollten Taten folgen!

Zwillinge

männlich: Du solltest jetzt wirklich auf die Bremse treten. Oder willst du plötzlich weiter gehen, als du es dir anfangs vorgenommen hast? Vertrau deinem Instinkt!!
weiblich: Mach weiter so und behalte deine konsequente Linie bei! Man wird es dir gutschreiben. Wankelmütige Charaktere gibt es nämlich schon genug.

Krebs

männlich: Du solltest vor Freude nicht gleich hochspringen, nur weil dich jemand völlig unvermutet zum Eis oder zur Cola einlädt. Warte in Ruhe ab, was sich da entwickelt!
weiblich: Nun zweifel nicht gleich an dir selbst, nur weil jemand unpünktlich war. Es soll Leute geben, die tatsächlich keine richtig gehende Uhr haben!

Löwe

männlich: Wenn du sichergehen willst, dass du IHR begegnet bist, dann sprich sie doch einfach an! Du bist doch sonst nicht schüchtern. Oder hast du noch Zweifel?
weiblich: Also wenn deine beste Freundin immer dabeisitzt, dann kannst du lange warten, bis sich etwas in Sachen Liebe tut. Zieh doch mal allein los!

Jungfrau

männlich: Du bist doch nicht einer von der Sorte „Das hättet ihr mir vorher sagen müssen"? Bei aller Umsicht: Zum Glück passieren auch mal ungeplante Dinge!
weiblich: So schwer behindert es keinen, wenn er mal gestört wird, zumal einem die Arbeit meistens nicht wegläuft. Sieh die Dinge ruhig lockerer!

Waage

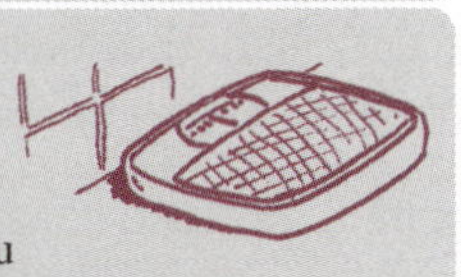

männlich: Diesmal wirst du nicht so leicht davonkommen. Aber willst du das überhaupt? Deine aktuelle Beziehung ist ja ziemlich gut. Wenn du keine hast, nichts wie ran!
weiblich: Was fort ist, kannst du nicht wieder holen. Gefühle schon gar nicht. Aber wer sagt denn, dass die Sterne für eine neue Beziehung ungünstig stehen?

Skorpion

männlich: An Problemen ist meistens nicht nur EINE schuld. Es ist ja auch kein schweres Schicksal, das ihr jetzt zusammen tragen müsst. Oft hilft ein ehrliches Gespräch!
weiblich: Nun spiel nicht die Beleidigte! Es hat nicht immer nur EINER Unrecht. Außerdem: Kannst du dich wirklich von jeder Mitschuld freisprechen?

Schütze

männlich: Auch wenn dich andere manchmal glauben lassen, dass dir menschliche Schwächen fern liegen – du bist nicht unfehlbar! Aber das weißt du selbst am besten.
weiblich: Wenn dir jetzt mal etwas danebengeht, brauchst du nicht gleich den Glauben an dich zu verlieren. Es kommen auch wieder bessere Zeiten!

Steinbock

männlich: Du weißt, dass man dir vertrauen kann, aber das solltest du auch deinen (neuen?) Freunden klarlegen. Vielleicht kannst du ein paar Missverständnisse ausräumen?
weiblich: Eine neue Freundin ist in Sicht, aber aller Anfang ist schwer. Also nicht gleich schwarz sehen, wenn sie die erwarteten Qualitäten noch nicht zeigt!

Wassermann

männlich: Auch wenn du manchmal Schwierigkeiten damit hast – du solltest die Wirklichkeit so wahrnehmen, wie sie ist. Dann erfüllen sich auch Träume leichter!
weiblich: Klar, du kannst dir die Haare blau färben um aufzufallen. Aber reicht es nicht, wie du aussiehst? Du bist kein Mauerblümchen, das weißt du doch!

Fische

männlich: Es könnte sein, dass du dich nach einer unerwarteten Begegnung wie neugeboren fühlst. Aber Vorsicht: Es ist nicht alles Gold, was glänzt! Also Augen auf!
weiblich: Man muss nicht hellsehen können, aber Veränderungen stehen bevor. Lass dich überraschen! Aber nicht gleich an die große Liebe glauben!

a) Sieh dir die markierten Verb**verbindungen** (Zusammensetzungen oder Wortgruppen) im Kontext an. Suche nun ab „Schütze" nach Verbindungen, deren erster Teil übereinstimmt mit: blaumachen, daneben stehen, fernsehen, hell leuchten, klar denken, neu eröffnet, schwarzarbeiten, wahr machen. Warum werden dieselben bzw. vergleichbare Verbverbindungen unterschiedlich geschrieben?

b) Schreibe jede Verbverbindung von „Widder" bis „Skorpion" in der jeweils anderen Form auf, also: *fest binden* statt *festbinden*. Formuliere mit der neuen Verbindung einen aussagekräftigen Satz.

Fußballfans

1. **Gina, Kevin und Hakan verfolgen am Radio die Schlusskonferenz der Fußballübertragung. Während Gina und Hakan mit dem FC Colonia mitfiebern, hängt Kevins Herz an der Borussia Westfalia.**

Tor bei der Borussia! Ja, ist denn dieser Rivaldino überhaupt nicht zustoppen! Zum dritten Mal am heutigen Abend gelingt ihm ein Treffer, diesmal ein herrlicher Flachschuss ins linke Eck. Ein Ball, der für Jan Bröcker, den Schlussmann der Kickers, nicht zuhalten ist. Ralf Müller war es, der Rivaldino den Ball unbedrängt zuspielen konnte, …

Tor! Tor auf dem Müngersberg! Kai Driller gelingt in der 72. Minute der Anschlusstreffer! Wie er es geschafft hat, den Ball von der Torauslinie noch um den Pfosten zuschlenzen, das macht ihm so schnell keiner nach. Ärger natürlich bei Hansa-Trainer Boger! Seine Mannschaft hätte den Sack zumachen müssen, als es 2:0 stand und der Unparteiische in der 64. Minute Elfmeter gegen den Gastgeber gepfiffen hatte. War es ein Fehler, den unerfahrenen Tim Adam als Schützen zubestimmen? Sein halbherziger Schuss landete ja in den Armen von …

Tor, Tor! Und wieder gelingt es Rivaldino, Jan Bröcker zuüberwinden. Diesmal konnte ungehindert Schmidt hereinflanken, genau auf den Kopf von Rivaldino und der verwandelt zum 4:0! Da tänzelt der Brasilianer zur Eckfahne, und die Zuschauer feiern ihn! Ihm kann man noch manche Überraschung zutrauen, vielleicht sogar …

Tor beim FC! Ja, ist das denn zuglauben? Den Ausgleichstreffer markiert Carsten Trimm, der junge Vertragsamateur. Edgar Boger will es nicht wahrhaben. Er hat Trimm im Abseits gesehen! O, o, jetzt legt sich der Hansa-Trainer mit dem Unparteiischen an. Da hilft es gar nichts, dass ihm sein Manager gut zureden will. Ja! Das war zuerwarten: Der zuvor bereits verwarnte Boger muss den Rest des Spiels auf der Tribüne zubringen. …

a) Welches Verb ist jeweils richtig: das Verb mit der Vorsilbe „zu“ oder das Verb im Infinitiv mit „zu“? Lies den Satz laut und achte auf die Betonung. Trenne dann ggf. „zu“ mit einem Strich ab. Tipp: Teste, ob du das komplette Verb inklusive „zu“ ersetzen kannst (vgl. auch den Comic unten).

b) Bilde mit folgenden Verbformen Sätze, wobei die Verben nicht getrennt werden sollen: zubereiten, zumuten, zunehmen, zuordnen, zuschauen, zusagen, zutrauen, zusetzen.

2. **Konjunktion oder …?**

Im Bahnhof sagt Gina: „__________ ich weiß, ist das Stadion __________ weg, dass wir besser die Fan-Bahn nehmen.“ – „__________ die nicht __________ kommt, sollten wir aber auf Kevin warten“, entgegnet Hakan. Gina seufzt: „__________ fahren wir nicht zu Auswärtsspielen, aber auf Kevin müssen wir immer warten.“ – „__________ es geht, tun wir das auch. Sieh mal, sein Zug hat Verspätung!“ Gina nickt. „__________ Spiel sage ich ihm trotzdem die Meinung, glaub mir das!“

a) Setze folgende Wörter ein: soviel, soweit, sofern, sobald, sooft, solange, nachdem. Werden sie hier als Konjunktionen verwendet? Wie schreibst du sie dann?

b) Bilde eigene Sätze mit: nachdem – nach dem, seitdem – seit dem, soviel – so viel, soweit – so weit.

Getrennt- und Zusammenschreibung

Ein Stadtplan entsteht

a) Die Straßen sind schon skizziert, die Straßennamen bestehen allerdings nur aus Buchstabenfolgen.
- Markiere zuerst die Straßennamen, die in einem Wort geschrieben werden, z. B. Schützenstraße.
- Markiere andersfarbig die Straßen, die nach einem geographischen Begriff benannt sind und deshalb getrennt geschrieben werden müssen. Welche Signale deuten auf die Getrenntschreibung hin?
- Markiere in einer dritten Farbe die Straßennamen, die mit Bindestrich geschrieben werden. Woran kannst du erkennen, ob ein Straßenname mit Bindestrich geschrieben werden muss?

b) Welche Besonderheit haben die noch nicht markierten Straßennamen? Wie schreibt man sie?

c) Ordne die Straßennamen in einer Tabelle:
Zusammenschreibung: … Getrenntschreibung: … Schreibung mit Bindestrich: …

d) Benenne Straßen, Wege, Gassen … Wähle z. B.: Paris, (die) Mark, lange Hecke, die alte Linde, Beethoven, Bertha von Suttner, deinen eigenen Namen, Namen deiner Freunde/Freundinnen …

Signalwörter

1. Zusammenschreibung

Unterstreiche alle Wörter, die zusammengesetzt sind. Welche beiden Bestandteile wiederholen sich? Warum werden die Wörter mit diesen „Signalen“ hier zusammengeschrieben?

2. Getrenntschreibung

„Ich werde immer für dich ____________“, versichert die Kaulquappe dem Goldfisch. „Ach“, entgegnet dieser seufzend, „du versprichst jetzt ____________, aber wenn du erst einmal ein Frosch bist, wird es mit uns beiden ____________.“ – „Ich kann dann ____________ im Wasser leben wie auf dem Lande“, behauptet die Kaulquappe. „Aber nicht ____________. Dir wird auch nicht danach ____________. Versprich mir also nicht ____________!“ – „Ich werde dir ewig ____________“, beharrt die Kaulquappe, „darauf verwette ich sogar meinen Ruderschwanz.“ Da sagt der Goldfisch traurig: „____________ bin ich jetzt in meiner Ahnung bestärkt.“ – „Das verstehe ich nicht“, wundert sich die Kaulquappe. „Dann denke einmal darüber nach, ____________ dein Ruderschwanz noch wert ist, wenn du erst ein Frosch bist …“

a) Ergänze die folgenden Wortgruppen und überlege, welche Regeln auf sie zutreffen: da sein, treu sein, vorbei sein, zumute sein – so viel, zu viel, wie viel – ebenso lange, genauso gut, umso mehr.

b) Welche beiden „Signale“ für die Getrenntschreibung (in Verbindung mit Verben) kennst du noch?

3. Mal zusammen, mal getrennt

Wenn wir zusammen fernsehen wollen, dann quatsch bitte nicht dauernd!

He! Wenn wir schon zusammensitzen, will ich auch mal was sagen dürfen!

Du hast Recht. Wir sind nicht zusammengekommen um uns anzuschweigen.

Es ist toll, mit dir zusammen zu sein, wenn du mir Recht gibst!

Irgendwie finde ich den Film plötzlich doof.

Komisch, irgend so eine Idee hatte ich auch …

a) Die beiden „Signale“ kennst du von 1. Markiere jeweils die Zusammensetzung bzw. die Wortgruppe.

b) Woran liegt die unterschiedliche Schreibweise der beiden „Signale“? Formuliere Regelsätze.

Lena

Es ist nicht so, dass die kleine Lena grundsätzlich dagegen ist Geburtstage zufeiern. Ihr eigenes Wiegenfest würde sie am liebsten jeden Monat wieder holen, aber Geburtstags feiern bei Tanten und Onkeln hasst Lena von ganzem Herzen. Sind es Tanten, die einem näherstehen als andere, zum Beispiel eine allein stehende Großtante, die zugleich Erbtante ist, wirft der bevor stehende Besuch Schatten voraus. Mutti sorgt dann nämlich Wochen lang dafür, dass man über ein Geschenk nachdenkt. Kann man nichts eigenhändig fertigstellen, muss man etwas finden, das man von seinem mühselig zusammen gesparten Taschengeld kaufen kann. Hat man diese Hürde über wunden, kommt die nächste: Man soll einen Beitrag zum Fest leisten! Ein Kind, das zum Beispiel blockflötespielen kann, wird solange mit dem Einüben eines Liedchens traktiert, bis es alle Töne produzierenden Instrumente zum Teufel wünscht.
So bald dann der große Tag da ist und die Abfahrt naht, wird man für das Fest „schöngemacht". Dass man sich in dem rot getupften Kleidchen mit der kunstvoll gebundenen roten Schleife und den Blüten weißen Kniestrümpfen selbst vorkommt wie ein Geschenk Paket, interessiert Mutti genausowenig wie Vati. Na ja, Vati vielleicht schon, aber zu geben würde er es nie. Die Prozedur des Schönmachens wird dann noch übertroffen von dem Begrüßungsritual im Haus der Jubilarin. Ob man die Tante mag oder nicht, man wurde darauf eingeschworen ihr nur ja angemessen zugratulieren. Darauf achten auch alle bereits Anwesenden, deren Argusaugen rein gar nichts entgeht. Tänzelt man zum Beispiel auf seinen Nagel neuen Schnallenschühchen mit auswärtsgestellten Füßen heran, bedauern alle insgeheim die X-Beinigkeit; hält man die Kniee einwärts gedreht, ist man leider o-beinig. Mögliche anatomische Defizite kann man allerdings leicht Wett machen, indem man recht lieblich dreinschaut und sich von der Tante widerstandslos drückenlässt. Besonders gut geheißen wird auch ein Küsschen. Spätestens jetzt fragt man sich, warum man nicht mit einer schönen, ansteckenden Kinderkrankheit daheimbleiben konnte.
Zum Glück wird man in der Regel bis zu seinem Blockflötenauftritt nicht mehr allzu wichtig genommen, dafür sind die Erwachsenen zusehr miteinander beschäftigt. Man muss sich allerdings darauf einstellen, dass man von den eigenen Eltern immer wieder misstrauischbeäugt wird. Man darf sich ja auf keinen Fall daneben benehmen. Zum Beispiel würde Mutti es nie zulassen, dass man mehr als zwei Stücke Kuchen nimmt, selbst wenn die Tante einem frei gestellt hat, so viel zu essen, wie man will. Aber der Appetit vergeht einem ohnehin, denn so bald man an der Kaffeetafel sitzt, hört man nur noch Muttis Ermahnungen: „Wie sitzt du denn da? Kannst du dich nicht geradehalten!" Ein Onkel darf sich dagegen ungerügt gehen lassen: Er lockert tatsächlich den Gürtel um beim Kuchen essen genügend Luft zu bekommen.
Schafft man es nach dem Kaffeetrinken, heimlich in den Garten zuschleichen, dann dauert es nicht lange und man hört: „Ich möchte, dass du wiederhereinkommst. Hast du dich etwa schmutziggemacht?" Dass aber irgendsoeine nonsensplappernde Tante ein Glas Sekt über ihre durchsichtige Bluse schüttet, wird dagegen als Lacherfolg gefeiert. Das Leben ist einfach ungerecht! Und kümmert sich irgendwann wirklich ein Erwachsener um einen, dann bestimmt um zufragen: „Na, freust du dich schon auf die Schule?"
Aus diesen Erlebnissen kann man eigentlich nur Schluss folgern, dass man möglichst schnell selbst großsein will, um alles ganz anders zu machen als die doofen Erwachsenen. Wirklich alles!

Lies den Text aufmerksam. Es sind 39 Fehler bei der Getrennt- und Zusammenschreibung zu korrigieren. Wenn du nicht sicher bist, unterschlängele die Wortgruppe/das Wort. Vergewissere dich im Wörterbuch. Achtung: In sieben Fällen ist auch die Groß- und Kleinschreibung betroffen!

Fremdwörter und Fachwörter

Fremdwörter

Ein Fremdwort stammt aus einer fremden Sprache. Man erkennt es daran, dass es sich vom Deutschen in Aussprache, Betonung und/oder Schreibweise ganz oder teilweise unterscheidet.

Beispiele:

aus dem Lateinischen:	die Aktion, diktieren, die Existenz, negativ
aus dem Griechischen:	anonym, die Demokratie, der Prophet, die Theke
aus dem Französischen:	die Etage, die Allee, der Ingenieur, das Tablett
aus dem Englischen:	das Beefsteak, das Foul, die Party, topfit

Rechtschreibbesonderheiten lassen sich oft aus der Herkunft ableiten.

Beispiele:

lateinisch:	-ion, -iv, -akt/-ekt/-ikt/-ukt
griechisch:	th-/-th-, (-)ph(-), -y-
französisch:	-age, -ee, -ell, -ett/-ette, -eur/-euse
englisch:	-y

TIPP Ein lang gesprochenes i wird im Wortinnern eines Fremdwortes häufig -i- und am Wortende -ie (auch: -ieren) geschrieben.

Präfixe, die das Gegenteil ausdrücken können, sind z. B.: anti-, de-, in-.

Beispiele: die Antithese, demontieren, indiskutabel

Fachwörter

Fachwörter sind oft Fremdwörter, aber auch deutsche Wörter, die auf einem bestimmten Fachgebiet eine besondere Bedeutung erfahren.

Beispiele für deutsche Fachwörter: Maus (Computer), Tor (Fußball)

Häufige Fremdwörter

1.

( ) *Demonstration*	( ) *Konstruktion*	( ) Protest	( ) *Information*	( ) Revolution
( ) Regierung	( ) Konzentration	(1) *Argument*	( ) Register	( ) Standard
( ) Interpretation	( ) *Reparatur*	( ) Experiment	( ) *Operation*	( ) Training
( ) *Respekt*	( ) Organisation	( ) *Risiko*	( ) *Toleranz*	( ) Zensur
				( ) *Produkt*

a) Bringe die Nomen in die Reihenfolge des Alphabets.

b) Schreibe die Nomen mit ihren Artikeln untereinander auf. Schlage ggf. im (Fremd-)Wörterbuch nach. Welche Gemeinsamkeit haben die Nomen mit der lateinischen Endung -ion?

c) Schreibe hinter alle Nomen das jeweils verwandte Verb. Welche Endung haben alle Verben?

d) Ergänze bei den kursiv gedruckten Nomen (und Verben) verwandte Adjektive. Du erhältst drei verschiedene Endungen. Welche?

2. Konsonantenverdoppelung

_____ Abo_____ement, _____________________

_____ Adre_____e, _____________________

_____ Di_____erenz, _____________________

_____ Disku_____ion, _____________________

_____ Intere_____e, _____________________

_____ Ko_____unikation, _____________________

_____ Konku_____enz, _____________________

_____ Kontro_____e, _____________________

_____ Ko_____ektur, _____________________

_____ Protoko_____, _____________________

a) Vervollständige jedes Nomen mit dem richtigen doppelten Konsonanten und ergänze den Artikel.

b) Finde zu jedem Nomen Verwandte, mindestens jedoch das verwandte Verb.

c) Wähle aus fünf Wortfamilien je ein besonders schwieriges Wort aus und verwende es in einem Satz.

d) Finde verwandte Nomen, Adjektive … zu: dokumentieren, funktionieren, reagieren, tendieren.

3. Sechs Wortfamilien: Nomen, Verben, Adjektive

fa_____zieren   _____kum   Kri_____   in_____sieren

prak_____zieren   _____dustrie   kri_____sieren   Fan_____sie   kri_____

_____rik   ga_____tieren   _____striell   _____brikant   _____tisch

_____tastisch   _____tik   _____kabel   _____rantie   _____tasieren

a) Sieh dir die vorhandenen Silben genau an und ergänze damit sinnvoll die Lückenwörter.

b) Schreibe die Wortfamilien (Nomen immer mit Artikel) geordnet auf.

c) Bilde Sätze mit den Wörtern der Wortfamilien „Kri…“ und „Fan…“.

d) Setze die Nomen der Wortfamilien „fa…“ und „prak…“ in Plural und Genitiv und bilde Sätze.

Fremdwort für ...

4.

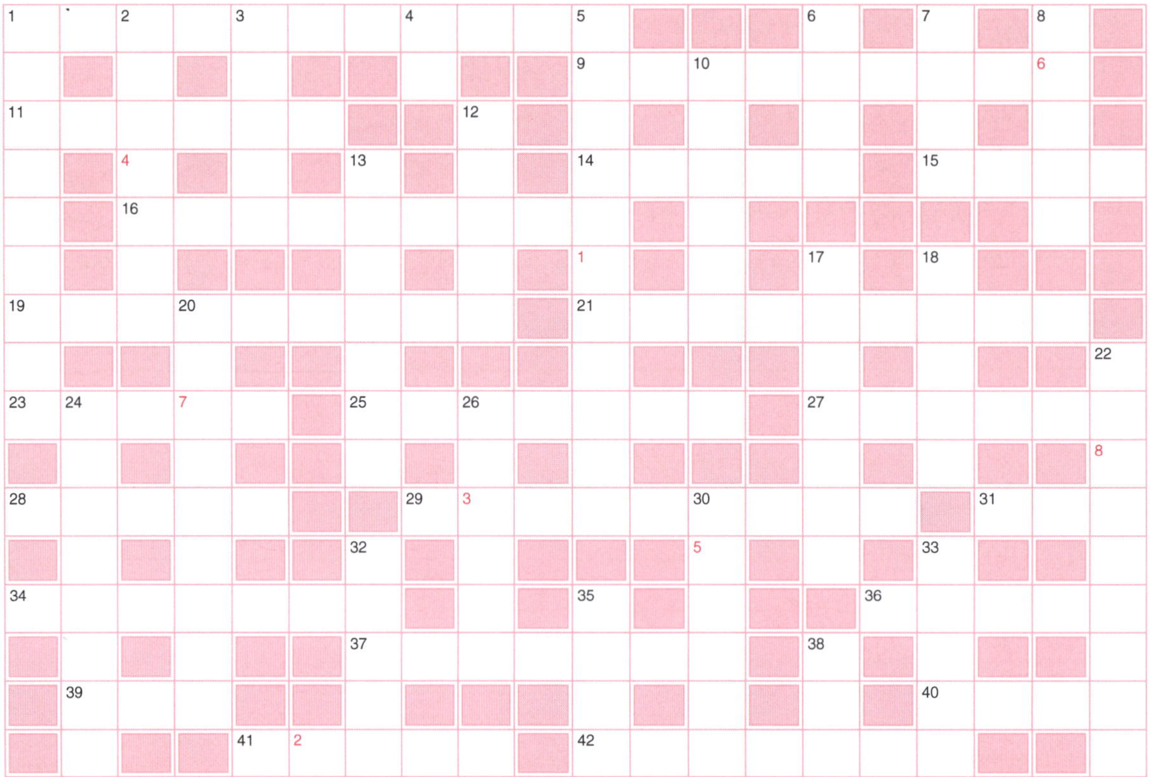

aggressiv Ananas Apparat appellieren Assistent Energie Ethik ex- Garage Genie Gymnastik Iden Image inklusive intakt intensiv Interview -ion kreativ Logik Massage Motiv Musical Nerv nuklear nummerieren Physik Portion Rage Regie Sensation Shorts Spion studieren Team Teint Thema tri- Universum User via Virus vital

a) Die Erklärungen für die gesuchten Fremdwörter (s. o.) treffen oft nur ansatzweise zu. Warum wohl?

Waagerecht
- 1 sich dringlich an jdn. wenden
- 9 Weltall
- 11 Einstellraum (bes. für Pkws)
- 14 Beweggrund
- 15 Wut, Raserei
- 16 einschließlich, inbegriffen
- 19 „Knüller"
- 21 Befragung einer Person
- 23 Krankheitserreger bei Lebewesen; auch PC-Zerstörer
- 25 Gerät, z. B. ein optisches
- 27 große tropische Frucht
- 28 Lehre von der „Moral"
- 29 bestimmte Körperschulung, auch mit Geräten (Keule)
- 31 lat. Wortbaustein: drei
- 34 Tatkraft, Entschlossenheit
- 36 Gesichtsfarbe
- 37 Kernwaffen betreffend
- 39 häufige Endung (lat.)
- 40 best. altröm. Kalendertage
- 41 Aufgabe, Leitgedanke
- 42 Heilbehandlung des Körpers, z. B. durch Kneten

Senkrecht
- 1 angriffslustig, rücksichtslos
- 2 abgemessene Menge (bes. beim Essen)
- 3 folgerichtiges Denken
- 4 lat. Präfix: aus, ehemalig
- 5 fortlaufende Ziffern geben
- 6 Reizleiter im Körper
- 7 Benutzer eines PCs
- 8 Ansehen, Ruf
- 10 unversehrt
- 12 Kundschafter, der Geheimnisse ausforscht
- 13 Musiktheater
- 17 schöpferisch, einfallsreich
- 18 lebhaft, gesund
- 20 eine Universität oder Hochschule besuchen
- 22 jd., der einer höher gestellten Fachkraft beisteht
- 24 eindringlich, kräftig
- 26 Lehre, in der vor allem experimentell geforscht wird
- 30 kurze Hosen
- 32 hochbegabter Mensch
- 33 Leitung, z. B. beim Film
- 35 Mannschaft (bes. im Sport)
- 38 durch, über einen best. Weg

b) Lösung: Ein besonders verzwicktes Fremdwort heißt _ _ _ _ _ _ _ _ .
1 2 3 4 5 6 7 8

c) Ordne die Wörter mit den roten Hervorhebungen nach ihren Endungen. Was fällt dir auf?

d) Schreibe „Thema" und „Virus" im Singular, Plural und Genitiv (mit Artikeln) auf und bilde Sätze.

Die Herkunft gibt Aufschluss

5. Diskothek Gymnasium Philosophie Mathematik Zylinder Apotheke Athlet dynamisch typisch Katastrophe Symbol Methode Prophet Strophe Asphalt Synthese Theologe System Phrase hygienisch anonym Enzyklopädie Hypothek Bibliothek psychologisch Phosphor Rhythmus Hypothese synchron Atmosphäre Euphorie Märtyrer Prophylaxe

a) Die Fremdwörter kann man **drei** Gruppen zuordnen. Welche Rechtschreibbesonderheiten haben sie? Rahme den Buchstaben bzw. die Buchstaben verschiedenfarbig ein.

b) Ordne die Wörter nach ihren Rechtschreibbesonderheiten. Notiere auch die Herkunftssprache(n).

6. Vokal + kt

Subj___ dir___ Konfl___ Eff___ korr___ perf___ ___

a) Ergänze die fehlenden Buchstabengruppen und sprich die Wörter laut. Was fällt dir beim Vokal auf? Aus welcher Sprache stammen die Wörter?

b) Bilde zumindest mit den Adjektiven Sätze.

7. Oh, là, là!

aktu___ Blam___ Cour___ Dompt___ Et___ eventu___
finanzi___ Fris___ G___ gener___ individu___ Ingeni___
Installat___ krimin___ materi___ Mont___ Mont___ offizi___
opposition___ Plant___ potenzi___ prinzipi___ Redakt___
Regiss___ Report___ sensation___ Spedit___ spezi___ tradition___

a) Die Fremdwörter kann man **drei** Gruppen zuordnen. Ergänze die fehlenden Endungen.

b) Suche Wörter mit den Endungen -ee/é und -ette. Sie entstammen derselben Herkunftssprache.

8. Puzzle

obHyb iCyt rayPt aBby ayLd dByo ortyS bculiitPy

a) Schreibe die Nomen jeweils richtig darunter. Die Herkunftssprache kennst du natürlich.

b) Bilde mit mindestens fünf Nomen Sätze. Drei davon sollen im Plural stehen.

9. Im Gegenteil Anti-/anti- De(s)-/de(s)- Dis-/dis- In-/in-

diskret Harmonie Held Interesse Kompetenz maskieren qualifizieren semitisch

Bilde mithilfe der Präfixe die Gegenteile.

Sketch-Time

10.

a) Unterstreiche in jedem Dialog die beiden Fremdwörter, die sich ähneln.

b) Schreibe diese Fremdwörter (Nomen mit Artikel) paarweise auf und erkläre sie.

c) Verwende folgende Wörter in Sätzen: rational – rationell, Symptom – Syndrom, Theorie – Therapie.

Fremdwörter und Fachwörter

Genial: T-Shirt

1. 1942 gab die US Navy bekannt, wie ihr neues „T-förmiges" Unterhemd auszusehen hatte: Es sollte aus weißer Baumwolle mit einem runden Halsausschnitt und kurzen Ärmeln im rechten Winkel zum Körper hergestellt werden. Bald nannte man es einfach T-Shirt. Den Marinesoldaten gefiel es so gut, dass sie nichts mehr darüber trugen – nicht zuletzt wegen der Wirkung auf Frauen. Ende des Krieges gab es dann T-Shirts, auf deren Brust der Name einer Einheit oder Division aufgedruckt war. Damit war die moderne Form des T-Shirts geboren.

Weiße kurzärmelige Baumwollunterhemden trug man schon vor der Jahrhundertwende, erst der Schnitt machte die T-Shirts zu etwas Besonderem.

In den 50er Jahren wurde eine neue Generation von coolen Schauspielern wie Marlon Brando und James Dean zu Stars – und auch sie trugen T-Shirts. Junge modebewusste Menschen, die sich wie ihre Idole als Rebellen empfanden, mussten diesen Stil einfach übernehmen. In den späten 40er und frühen 50er Jahren gab es die ersten T-Shirts mit aufgedruckten Western- und Sporthelden. Als das Bedrucken von T-Shirts billiger und besser wurde, fanden die so gestalteten Shirts einen reißenden Absatz. Trug man ein esoterisches Emblem, betonte man damit die eigene Persönlichkeit. Ein T-Shirt mit dem Namen und den Farben eines Football-Teams oder eines Colleges drückte den Sinn für Gemeinschaft aus.

In den 60er Jahren wurden Aufdrucke immer individueller. Man trug psychedelische Abzeichen der Rock-Bands und Symbole der Anti-Atombomben-Bewegung und anderer Kampagnen. Die Idee, das T-Shirt als eine persönliche Reklamefläche zu benutzen, war auch den Werbeleuten nicht entgangen. Die großen Marken mussten nur einen geringen finanziellen Aufwand betreiben, um T-Shirts mit ihren Logos und Werbesprüchen unters Volk zu bringen.

(aus: Genial! : 100 geniale Erfindungen des 20. Jahrhunderts, ohne die unser Alltag nicht mehr vorstellbar ist / David Hillman & David Gibbs. Aus dem Engl. von Manfred Schmeing u. Antje Görnig. Köln : vgs 1998)

a) Lies den Text sorgfältig. Welche Wörter hältst du für Fremdwörter? Markiere sie.

b) Kannst du die unbekannten Wörter aus dem Kontext erschließen? Wenn nicht, schlage sie nach.

c) Wenn du die Geschichte des T-Shirts nacherzählen müsstest, dann bräuchtest du weitere Wörter aus dem Text. Markiere diese (deutschen) Fachwörter in einer anderen Farbe.

2. **Mode und Sport**

Shirt Trainer Hockey **Foul** Streetwear Break Mütze **Cup** Team *Top*
Speer *fair* Netz **Styling** Fußball Outfit Match *Fashion* Schiedsrichter
Racket Tor *Surfer* Weste *Sprint* Faltenrock **Box** Design Zwischenlauf
Body Spikes Hattrick *Dressman* **Leggings** Doping *Pullover* *Klub* Action
fit **Tiebreak** Shorts Trekking *Pullunder* stone-washed **Jeans** **Coach** *Twill*

a) In dem Wortfeld findest du Fremd- und Fachwörter zu „Mode" und „Sport". Markiere in zwei Farben.

b) Aus welcher Sprache stammen alle **Fremdwörter** hier?

c) Wähle eine Sportart (z. B. Fußball) und finde dazu möglichst viele Fremd- und Fachwörter.

Bärenklau, Riesen- (Heracleum mantegazzianum)

3.

Synonyme: Herkulesstaude, Herkuleskraut, „Russenkraut“, Giant Hogweed

Rufen Sie bei akuten Vergiftungsunfällen oder im Zweifelsfall immer bei der Informationszentrale gegen Vergiftungen in Bonn an. Sie erhalten dort 24 Stunden am Tag eine individuelle, kostenlose Beratung.

Familie:
Apiaceae, Doldengewächse

Giftigkeit:
giftig bis sehr giftig

Standort/Verbreitung:
Heimat: Kaukasus, in Europa oft verwildert an Wald- und Wegrändern, auf feuchten, nährstoffreichen Böden, Fettwiesen.

Typische Merkmale:
Bis über 3,5 m hohe Pflanze, mit im Grunde ca. 10 cm dicken, rot gesprenkelten Stängeln. Blätter 3-zählig-zerschnitten, Einzelblätter 5-schnittig, zugespitzt. Blüten weiß, in bis 50 cm breiten Dolden. Blütezeit: Juli–September.

Giftige Pflanzenteile und Inhaltsstoffe:
Die ganze Pflanze, besonders der Saft.

Giftig durch:
Furocumarine, u. a. Bergapten, Pimpinellin, Xanthotoxin.

Kritische Dosis:
Furocumarine bewirken eine phototoxische Reaktion bei gleichzeitiger oder nachfolgender Sonnenlichteinwirkung.
Die akute Giftigkeit der Furocumarine ist bei Abwesenheit von Licht gering. Bei Einnahme größerer Mengen ist eine schwere Symptomatik möglich, schon bei Einnahme kleinerer Mengen sind ernste Symptome zu erwarten. In der Literatur wurden Todesfälle beschrieben.

Mögliche Symptome:
Zuerst brennende und juckende Rötung, Ödeme. Nach ca. 20–48 h scharf begrenzte Entzündung der Haut mit Juckreiz, Rötung, Blasenbildung. Die Hautveränderungen heilen langsam ab (1–2 Wochen) und können eine narbenähnliche Hyperpigmentierung hinterlassen. „Wiesengräserdermatitis“ bis zur Blasenbildung durch phototoxische Wirkung.

Erste Hilfe:
Unbedingt Sonnenexposition vermeiden, ansonsten symptomatische Therapie. Haut- und schleimhautreizende Wirkungen beachten und ggf. therapieren, Lokalbehandlung.

a) Lies den Text sorgfältig und markiere dabei jedes Fremdwort, auch Komposita mit deutschen Wörtern. Einige sind dir sicher unbekannt und du kannst sie auch nicht aus dem Kontext erschließen. Welche?

b) Welche Fremdwörter findest du nicht in einem gebräuchlichen (Fremd-)Wörterbuch? Warum nicht?

c) Markiere die deutschen Wörter, die in diesem Kontext fachsprachlich verwendet werden.

d) Schreibe die gebräuchlichen Fremd- und Fachwörter zum Riesenbärenklau heraus.

e) Textquelle: © Informationszentrale gegen Vergiftungen NRW. Universität Bonn (Tel. 02 28/1 92 40 oder Internet: http://www.meb.uni-bonn.de/giftzentrale/pflanidx.html). Informiere dich.

Silbenrätsel

1 Warnruf, Gefahrensignal
2 Reiz, Anziehungskraft (oft auf Menschen bezogen)
3 Ansehen, Macht (Lehrer!)
4 Stromquelle (z. B. bei einer Taschenlampe)
5 Wesensart, Veranlagung
6 elektronischer Rechner
7 Herrschaft des Volkes
8 Ordnung o. Fachrichtung
9 wirksam
10 Flächenmaß (100 Ar)
11 Gesundheitspflege, Reinlichkeit
12 Entschlusskraft, Unternehmungsgeist
13 Computernetzwerk
14 belebendes Getränk
15 Spottbild
16 großes Unglück
17 Ausschuss
18 vollständig
19 Nachschlagewerk
20 Eisen anziehendes Metall
21 unterschiedliche Stoffe oder Beweismittel
22 Adjektiv zu Mathematik
23 unbeteiligt, unparteiisch
24 Gegenpartei, Widerstand
25 eigenartig, einfallsreich
26 Adjektiv zu Philosophie
27 schwierige Aufgabe/Frage
28 Erzeugung, Herstellung
29 vorbeugend, verhütend
30 Zuhörerschaft (Theater!)
31 viereckig
32 auf Zeit gewählte Staatsform
33 schmerzhafte Gelenk- oder Muskelkrankheit
34 optisches oder akustisches Zeichen
35 Lage, Zustand
36 Programm für eine EDV-Anlage
37 Zuneigung
38 Wärmezustand
39 Sammelname für Bühnenaufführungen
40 Gastspielreise (Popgruppen!)
41 benoten

A- -a- -a- -a- -al -ar At- Au- Bat- -blem -bli- -blik
Cha- Com- De- Dis- -dra- -duk- -e- ef-
-fee -fek- -gi- -gi- -gnal -gnet Hekt- Hy- I- In-
Ka- Ka- -ka- Kaf- Kom- kom- -kon -kra- -kum
-lak- -larm Le- -lo- Ma- Ma- ma- -ma- -ma -mis- -mo-
-ne -nee -nell -net neu- -ni- o- -on -on -on -on Op-
-pa- -pe- -phe phi- -phisch -phy- -plett -plin -po- Pro-
Pro- pro- Pu- -pu- -pu- qua-
-ra- -rak- Re- -ren Rheu- -ri- -ri- -ri- -ri- -rie
-si- -si- Si- Si- -sie- -so- Soft- -stro- Sym-
-ta- -tät -tät -te- -te- Tem- -ter -ter -ter- -ter The- -the- -thie
-ti- -ti- -ti- -ti- -ti- -ti- -tie -tisch -tisch -tisch -tiv -to- Tour-
-trak- -tral -tu- -tur -tur
-ve -vi- -ware -xi-
zen- -zi-

1 ____________________
2 A____________________
3 A____________________
4 ____________________
5 ____________________
6 ____________________
7 D____________________
8 D____________________
9 e____________________
10 H____________________
11 H____________________
12 I____________________
13 ____________________
14 ____________________
15 K____________________
16 K____________________
17 K____________________
18 ____________________
19 ____________________
20 ____________________
21 M____________________
22 ____________________
23 ____________________
24 ____________________
25 o____________________
26 ____________________
27 ____________________
28 ____________________
29 p____________________
30 ____________________
31 ____________________
32 ____________________
33 R____________________
34 ____________________
35 ____________________
36 ____________________
37 S____________________
38 ____________________
39 ____________________
40 ____________________
41 ____________________

Finde die Rätselwörter und schreibe sie **getrennt** auf die Linien. Der jeweils 2. Buchstabe ergibt die …

… Lösung: In Fremdwörtern werden __ __ (24 39) und __ __ (2 5) __ __ c __ __ (12 35 – 33 2) g __ __ __ __ __ __ __ (19 2 27 7 13 13 2).

Trenne die rot markierten Wörter auch auf eine andere reguläre Weise.

Trennung	
nach Wortbausteinen	Ein zusammengesetztes Wort kann man nach seinen selbstständigen Wortteilen oder silbischen Wortbausteinen trennen.
	Beispiele: Erd-beer-eis, Kind-heit, nord-öst-lich, sicht-bar, Stau-ende
	TIPP Präfixe können immer abgetrennt werden, z. B. Ab-stand, er-ahnen, ge-eignet, In-put, Pro-zent, un-be-achtet.
nach Sprechsilben	Sprechsilben kann man meistens abtrennen.
	Beispiele: Bä-cke-rei, E-tat-kür-zung, größ-te, imp-fen, Kat-zen-fut-ter, knusp-rig, Ru-i-ne, Strau-ßen-ei, Ter-min-sa-che, Wes-ten-ta-sche, zän-kisch
nach Wortbausteinen oder Sprechsilben	Sind Wortbausteine nicht mehr geläufig, trennt man Sprechsilben ab.
	Beispiele: ein-an-der/ei-nan-der, In-ter-es-se/In-te-res-se
Abkürzungen	
ohne Punkt	Kurzwörter stehen immer ohne Punkt; Abkürzungen für Maße, Währungsbezeichnungen … stehen meistens ohne Punkt.
	Beispiele: Kat(alysator), Steno(grafie) – s (Sekunde), WM (Weltmeisterschaft), ABS (Antiblockiersystem), HNO (Hals-Nasen-Ohren)-Arzt
mit Punkt	Bestimmte abgekürzte Wörter stehen mit Punkt.
	Beispiele: ev. (evangelisch), Mill./Mio. (Million), s. u. (siehe unten)
	TIPP Der Abkürzungspunkt ersetzt am Satzende den Schlusspunkt.

Tückische Trennungen

1.

tarm - blu | mei - Stem - sen | Fes - schuss - taus

A - pha - nal - bet | fat - men - au | satz - Zah - ner

sen - sches - Fi | vo - sei - rau - len | teis - Glat

cke - zat - Her - ta | sar - bö - tig | nen - ei - nord

gig - näu - grü | teu - pa - Os - ro | beit - Zei - tar

ckauf - trag - We | ralt - u | mung - rein - Ve - sa

tion - Pla - tak - ka | Sto - te - cken | en - sent - tei

lor - ter - Schu - ches | un - rei - te - nan - der

res - nin - te - u - sant | gram - sturz - Pro - mab

a) In jedem Wort ist eine Trennung falsch. Streiche die beiden entsprechenden Silben durch und schreibe die Wörter richtig getrennt auf die Linien.

b) Drei Wörter kannst du (**nach** der Korrektur!) auch anders trennen. Welche?

2. Silbenrätsel einmal anders

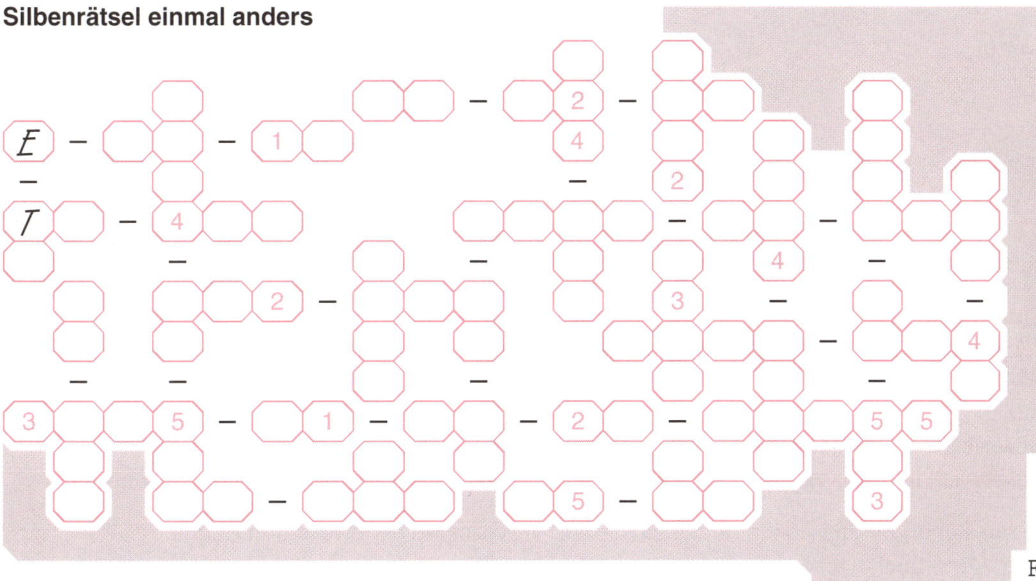

Eta
Eier
Abort
Ebene
Lunte
Orion
süßen
tunen
bissig
erster
Medien
Straße
Hochamt
Kindheit
Klubjacke
Obstanbau
Reinerlös
Felsgrotte
vollautomatisch

a) Schreibe die Wörter der Randspalte silbisch getrennt in das Raster.

b) Lösung:
Eine Trennung nach Wortbausteinen ist 1 1 - 2 2 2 2 - 3 3 3 - 4 4 ä 4 4 - 5 5 5 5.

c) Warum trennst du ck in diesen Wörtern verschieden: Hackordnung, Feinlackierung?
Warum trennst du st in diesen Wörtern verschieden: Klassenbeste, Nahostexperte?

Kurzformen und Abkürzungen

Ohne Quatsch ...

1.

Abo ist das Kurzwort für	**Abonnement** (z. B. einer Zeitung). **Aborigines** (Ureinwohner Australiens).
MAZ ist das Kurzwort für	**mangelhafte Zensuren**. **magnetische Bildaufzeichnung**.
U-Musik ist die Kurzform für	**Unterhaltungsmusik**. **Untergrundmusik**.
Mofa ist das Kurzwort für	**Motorfahrrad**. **Modefarbe**.
Lok ist die Kurzform für	**Lokal** (z. B. eine Stammkneipe). **Lokomotive**.
UNO oder Uno ist das Kurzwort für	**United Nations Organization**. **User Names' Order**.
Akku ist das Kurzwort für	**Akkusativ** (also den 4. Fall). **Akkumulator**.
Fax ist das Kurzwort für	**Telefax**. **Faxenmacher oder Spaßmacher**.
Alu ist das Kurzwort für	**Alemania Ulm** (einen Fußballverein). **Aluminium**.
Kilo ist (umgangssprachlich) die Kurzform für	**Kilogramm**. **Kilometer**.

a) Verbinde jeweils das Kurzwort mit dem entsprechenden Begriff.

b) Für welche Begriffe stehen die folgenden Kurzwörter: Ami, E-Musik, UFO oder Ufo, UNICEF?

2. Abkürzung für ...

GEZ
- Giftentsorgungszentrale
- Gebühreneinzugszentrale
- Garteneinkaufszentrum

StVO
- Straußenvogel
- Standbildvideooption
- Straßenverkehrsordnung

DB
- DeutscheBahn
- Datenbank
- DeutscheBrauereien

BLZ
- Biolightzucker
- Bankleitzahl
- Bummelluxuszug

MTA
- mittelgroßetropischeAnanasfrucht
- marokkanisch-tunesischesAbkommen
- medizinisch-technische(r)Assistent(in)

a) Streiche jeweils die beiden falschen Vorschläge durch.
Markiere die zwei, drei oder vier Buchstaben, die in der jeweiligen Abkürzung aufgegriffen werden.

b) Im Folgenden stehen nur die Abkürzungsbuchstaben. Vervollständige jeweils den Begriff.
Sieh ggf. im Wörterbuch nach.

I__ __ __ __ __ __ __ __ __ __Q__ __ __ __ __ __ __

O__ __ __B__ __ __ __ __ __ __ __ __ __ __ __(__ __)

D__ __ __ __ __ __ __ __ A__ __ __ __ __ __ __ __ __X

B__ __ __ __ __ __ __ __ __ __ __ __ __ G__ __ __ __ __B__ __ __

c) Schreibe folgende Abkürzungen mit ihren Begriffen auf: BUND, EDV, DTP, GmbH, MEZ, PIN, UV.

Anzeigenmarkt

3.

Unterricht

Nachhilfe in Deutsch u. Englisch nach Stolberg für Realschüler der Kl. 7 + 9. Tel. xxxxxx

Mathelehrer f. sa., 11.00-12.00 Uhr, evtl. auch früher, gesucht. Tel. xxxxxx

Reisen

Ferienhaus f. max. 4 Pers. direkt an der Ostsee, überdachte Terrasse, Kabel-TV, ab 30 EUR/Tg. Tel. xxxxxx

Die gute Tat

Kleiderschrank 3,50 m, rust., altdt., gut erh., an Selbstabholer zu verschenken. Tel. xxxxxx

Aushilfen

Schüler/-innen ab 16 J. f. leichte Lagertätigkeit ges. Tel. xxxxxx

Musikmarkt

Brenne CDs auf Bestellung. Preis n. Aufwand. Tel. xxxxxx

Kontakte

Suchen noch 2 Mädchen, ca. 15 J., zwecks Gründung einer Band in Celle. Engl. Sprachkenntnisse erw. Tel. xxxxxx

Fahre im Aug. n. Frankreich in ein Jugendlager. Wer fährt mit? Interessiere mich bes. für franz. Geschichte u. Literatur. Tel. xxx

Ehewünsche

Er, 26 J., 1,78 m, vielseitig interessiert, sucht warmherzige kath. Sie zw. 18–25. Chiffre xxxxxxx

Tiermarkt

2 jg. Mischlingswelpen, 12 Wo. alt. Tel. xxxxxx

Wohnungsmarkt

Fürth: 2-Zi.-Whg., 56 m^2, KDB, gr. Balkon, 400 EUR + NK. Tel. xxxxxx

Kaufgesuche

Suche alles über Fußball-WM 98: Sonderhefte, Maskottchen usw. Tel. xxxxxx

Verschiedenes

Welche freundl. Schülerin hilft mir (82, w.) 2 Nachmittage i. d. Woche im Haushalt? Zahle 6 EUR /Std. Chiffre xxxxxx

Schw. Katze, seit Di., 14.12., verschwunden. Zweckdienl. Hinweise, auch v. Nachbarn (Friedrich-Ebert-Str.), gegen fürstl. Belohnung erbeten. Tel. xxxxxx

a) Markiere in den Anzeigentexten die Abkürzungen. Weißt du, für welche Wörter/Begriffe sie stehen?

b) Schlage die Abkürzungen in einem Wörterbuch nach und schreibe die, die du findest, zusammen mit dem ausgeschriebenen Wort/Begriff auf.

c) Für welche Begriffe stehen die Abkürzungen: Bd., bzw., d. h., Jh., Kap., Nr., sog., u. a., vgl., z. B.?

4. Verkaufsanzeige

Mara will ihre komplette Karl-May-Sammlung verkaufen. Einen Preis will sie noch nicht nennen, deshalb wählt sie die Floskel nach Vereinbarung. Gegebenenfalls will Mara die Bände einzeln abgeben, dann zum Stückpreis von 2 Euro. Am Montag, dem 4. 4., sollen die Interessenten unter xxx anrufen.

a) Formuliere für Mara eine möglichst kostengünstige Anzeige. Finde Abkürzungen zumindest für die markierten Begriffe.

b) Übertrage die Anzeige in das folgende Raster. Achtung: (Satz-)Zeichen und Wortzwischenräume zählen auch!

2 Zeilen 5,00 EUR	4 Zeilen 10,00 EUR
3 Zeilen 7,50 EUR	5 Zeilen 12,50 EUR

Wörterliste

A a
Aal, der
Abend, der
Abonnement, das
abschließen
Abstammungsname, der
Acker, der
Adresse, die
Ähre, die
Akkumulator, der
Akt, der
aktiv
aktivieren
aktuell
allein
als
Altar, der
Amtstätigkeit, die
anbieten
ändern
ängstlich
Anhänger, der
Anmeldung, die
anstellen
antworten
Apotheker, der
April, der
Ar, der/das
Arbeit, die
Arzt, der
ärztlich
auf
Aufbau, der
aufgeregt
Aufmerksamkeit, die
aufreißen
Auslauf, der
ausweiten

B b
Bakkalaureat, das
bedürftig
beeinträchtigen
Beere, die
Beet, das
bekämpfen
bekanntermaßen
beklagen
beliebt
Bereitschaft, die
beschweren
Besen, der
Besichtigungsrundgang, der
beständig
bestimmt
Besucher, der
Besucherbetreuer, der
Betrag, der
Bewegung, die
Biene, die
Bildung, die
bis
bisher
bisschen (ein …)
Blamage, die
blasen
bleiben
Blockflöte, die (… spielen)
bloß
blütenweiß
Boot, das
Boss, der
brav
breit
Briefmarke, die
Brombeere, die
brüten
Buch, das
Bündnis, das
Büro, das

C c
charakterisieren
Chef, der
Courage, die

D d
Dackel, der
damit
Dämmmaterial, das
danken
dann
daran
darin
das
dass
dasselbe
Dasssatz, der
dauernd
davon
dein
den
denn
des (Genitiv)
deshalb
dichten
dick
dieser, dieses
Differenz, die
Diktat, das
direkt
Diskussion, die
Disziplin, die
Dompteur, der
doppelt
Dose, die
Draht, der
drängen
dringend
dunkel
dürftig
Durst, der
duzen

E e
Effekt, der
Ehepaar, das
Ehre, die
ehren
Eigentum, das
eilig
einladen
einmal (auf …)
einschränken
elektrisch
Elektroauto, das
Elfenbeinhandels, des (Genitiv)
empfänglich
empfindlich
endlich
endlos
Energiebündel, das
entgehen
entleeren
Ergebnis, das
erwidern
es
Essstörung, die
Etage, die
Eternit, das/der
etliche
etwas
Europäer, der
europäisch
eventuell
ewig
Ewigkeit, die

F f
Fahrrad, das
Fairness, die
Fall, der
Fallbeispiel, das
fällig
Feierabend, der
Ferse, die
festlegen
Festlegung, die
finanziell
fit
Fitness, die
Floh, der
Flop, der
Flosse, die
Flussschifffahrt, die
Föhn, der
Fön, der
Frechheit, die
freitags
freundlich
Friseur, der
früh
für
Furcht, die
Fuß, der
Fußballländerspiel, das

G g
Gage, die
Galeere, die
Gast, der
Gebäude, das
geben
Geburtstagsfeier, die
Gedanke, der
Gefahr, die
gefährden
geizig
Geld, das
geltend
gemäß
generell
Genie, das
Geschäftsgeheimnis, das
Geschenkpaket, das
Geschmack, der
Geschwindigkeit, die
Gesellschaft, die
Gesetzmäßigkeit, die
gewähren
gewährleisten
Gewinnnummer, die
glatt
glaubwürdig
Glück, das
grifffest
grinsen
groß
Grundrecht, das
Grundsatz, der
Gruß, der

H h
Haar, das
haben
Hades, der
Hals, der
halten
Handlung, die
Hase, der
häufig
Hause (zu …)
hausen
Heer, das
Heimwerker, der
her
herab
Herrchen, das
herum
hessisch
heute
heutzutage
hiermit
Hilfsverb, das
hinab
Hit, der
Hochmoor, das
Hochzeit, die
Horrorfilm, der
Hund, der
Hundefreund, der
Hundeplatz, der
Hundesportart, die
hungrig
Hürde, die

I i
ignorieren
ihr, ihren
illustrieren
individuell
Ingenieur, der
innen
innig
Insel, die
Installateur, der
interessant
Interesse, das
Interessierte, der
Intermezzo, das
Interview, das
irgendwo

J j
Jahr, das
jede
Job, der
Jugend, die

K k
Kabine, die
Käfig, der
Kap, das
kaputt
Kat, der
Kehle, die
Kid, das
Klee, der
Kleeblatt, das
kleinlich
Klub, der
kommen
Kommunikation, die
Kompromissbereitschaft, die
Konflikt, der
Konkurrenz, die
können
Kontrolle, die
korrekt
Korrektur, die
kostspielig
Kraftwerk, das
Kraftwerksanlage, die
kriminell
Kufe, die
künstlich
Kurve, die
kurz
Kuss, der

L l
Land, das
Lärche, die
Larve, die
lassen
lauthals
Lava, die
Lawinengefahr, die
Lebensraum, der
Lebewesen, das
lecken
leeren
lehren
Lerche, die
lesen
Leute, die
Lid, das
Lied, das
liegen
locken
Löwe, der
Luchs, der
Lüge, die
Lux, das

Wörterliste

M m
Maar, das
mahlen
Makel, der
makellos
malen
man
Mangrove, die
Mannschaftssitzung, die
maßlos
materiell
Mazze, die (auch: Matze)
Meer, das
mehren
Mehrheit, die
Mekka, das
Mensch, der
Menschenleben, das
merken (sich …)
Metalllegierung, die
Meteorit, der
Meter, der
Miene, die
Mine, die
Missstand, der
mit
mitleidig
mittags
Mixgetränk, das
Mokka, der
Montage, die
montagmorgens
Monteur, der
Moor, das
Moos, das
morgen
morgens
Möwe, die
Mussbestimmung, die
müssen

N n
nächsten (am …)
nagelneu
Name, der
nämlich
Narkose, die
Nassschnee, der
Nationalität, die
natürlich
nebeneinander
neidisch
nennen
nervös
nichts
niedrig
nirgends
Niveau, das
Nonsens, der (… plappern)
Note, die
Nulllösung, die

O o
Oberbegriff, der
offiziell
ohne
Ohr, das
oppositionell
Orakel, das

P p
Paar, das
Paparazzo, der
Parallele, die
Parcours, der
passieren
Pep, der
perfekt
persönlich
Pflanze, die
pflegen
Pirat, der
Pizza, die
Plantage, die
Platz, der
plötzlich
Pop, der
potenziell
Prinzessin, die
prinzipiell
Profil, das
Programm, das
programmmäßig
Protokoll, das
Pullover, der
pumpen

Q
Qual, die

R r
rasen
Rasen, der
raten
Razzia, die
Recht, das
rechtskräftig
Redakteur, der
Reeder, der
Regen, der
Regenwaldes, des (Genitiv)
Regisseur, der
Reh, das
Reißverschluss-system, das
Reportage, die
Reserve, die
Revoluzzer, der
Risiko, das
riskieren
Rücksichtslosigkeit, die
rudern
rufen

S s
Saal, der
Saat, die
Saft, der
Sage, die
Sakko, der/das
Samen, der
Sammler, der
Savannenelefant, der
Schaf, das
Schal, der
Schalenwild, das
Schatz, der
schätzen
Schere, die
Schiedsrichter, der
Schiene, die
Schiffswrack, das
Schirokko, der
Schlaf, der
Schlangenbiss, der
schließlich
schlussfolgern
Schlussszene, die
schnauben
Schnauze, die
Schnecke, die
Schnee, der
Schneeeifel, die
Schneeeule, die
schnelllebig
Schoß, der
Schreibmaschine, die
Schritttempo, das
schuldig
Schüler, der
Schwachstelle, die
See, der
Seele, die
Segen, der
Sehnsucht, die
seid (von: sein)
sein
seit
selbst
sensationell
Set, der/das
Shop, der
sie
Skizze, die
Sklave, der
so
Sohle, die
Sole, die
sollen
sondern
sonnen
Sonntag, der
sorgen
Spaziergang, der
Spediteur, der
Speer, der
speziell
Spiel, das
Spinne, die
Spot, der
Sprichwort, das
Staat, der
Stahl, der
stark
Steg, der
steigen
steil
Stelle, die
Stiel, der
Stil, der
stilllegen
streiten
Stresssituation, die
Strom, der
Student, der
Stufe, die
stutzen
Subjekt, das
systematisch

T t
täglich
Taktik, die
Tankwart, der
tatsächlich
tausend
Teer, der
Teergehalt, der
Tendenz, die
tippen
Tomatensaft, der
top
Top, das
Tor, der/das
traben
traditionell
tragen
Trekking, das
Trennung, die
treten
Trick, der
Trumpfass, das
tun
Tunnel, der
Turbine, die

U u
über
Uhr, die
umkreisen
umsonst
unabhängig
unbefleckt
ungünstig
Unparteiische, der
unseres (Genitiv)
unter
Untier, das
Ur, der
urteilen
uzen

V v
Vater, der
Ventil, das
Vereinsmitglied, das
vergänglich
Vergänglichkeit, die
vergessen
Vergnügen, das
vergreisen
Verhältnismäßigkeit, die
verkannt
Verkehr, der
verlaufen
verlieben
verlieren
verreisen
Verrohung, die
Verse, die (Plural)
Vertrag, der
Vertreter, der
Verwandtschaft, die
Verwandtschafts-grad, der
viel/-e (… Male)
Vielfältigkeit, die
vielleicht
vierblättrig
voll
Volt, das
vorsätzlich

W w
Waal, die
Wachstum, das
wagen
Wahl, die
wählen
wahr
währen
während
Waidmannskreis, der
Waise, die
Wal, der
Waldreservat, das
warum
was
Watt, das
Web, das
Weg, der
wehren
Weile, die
weisen
wenn
Wesen, das
weshalb
Wetter, das
wettmachen
wichtig
wieder (immer …)
wiederum
Wildschwein, das
Wintermonat, der
Wippe, die
wir
wissen
Witwe, die
witzig
Woche, die
wochenlang
wohl
Wolkenfabrik, die
wütend

Y
Yak, der

Z z
Zahl, die
Zigarette, die
Zigarettenpackung, die
Zoo, der
Zote, die
zuletzt
zusammenhängen
Zuständigkeit, die
zwar
zweistöckig

Fachausdrücke

Die Zahlen geben die Seiten an, auf denen die Ausdrücke – oft beispielhaft – verwendet werden.